U0595436

BECOME ACE SALESMAN
36个低成本快速赢单实用方法

如何让客户
秒下单

关家驹◎著

台海出版社

图书在版编目（CIP）数据

如何让客户秒下单 / 关家驹著. -- 北京：台海出
版社, 2021.11
　　ISBN 978-7-5168-2723-9

　Ⅰ. ①如… Ⅱ. ①关… Ⅲ. ①销售学 Ⅳ.
①F713.3

中国版本图书馆CIP数据核字(2021)第198302号

如何让客户秒下单

著　　者：关家驹

出 版 人：蔡　旭
责任编辑：俞滟荣

出版发行：台海出版社
地　　址：北京市东城区景山东街20号　　邮政编码：100009
电　　话：010-64041652（发行，邮购）
传　　真：010-84045799（总编室）
网　　址：www.taimeng.org.cn/thcbs/default.htm
E-mail：thcbs@126.com

经　　销：全国各地新华书店
印　　刷：唐山富达印务有限公司
本书如有破损、缺页、装订错误，请与本社联系调换

开　　本：880×1230毫米　　　　1 / 32
字　　数：120千字　　　　　　　印　　张：6.5
版　　次：2021年11月第1版　　　印　　次：2021年11月第1次印刷
书　　号：ISBN 978-7-5168-2723-9

定　　价：45.00元

目　录

掌握这些技巧，让订单轻松成交

让客户数量和订单保持持续增长

高效处理客户关系，让口碑持续爆棚

重塑对销售的认知，才能

避免少走弯路

⊙ 成为金牌销售前，必须做好这 4 个准备工作

古人云："凡事预则立，不预则废。"在通往金牌销售的道路上，我们都希望通过一个个的销售爆单，来实现财务自由和人生的成功。

5 年前，我有幸作为嘉宾参加了一次由浙江卫视主办的销售管理论坛，也很荣幸获得了与美国保险业顶尖销售高手弗兰克·贝格深度对话的机会。

我向他提了一个问题："在不断赢取客户和订单的销售道路上，你最大的秘密武器是什么？"

他的回答是"准备"。

贝格先生说："几十年的销售生涯中，我开始每周的工作之前都会风雨无阻地花上半天的时间来做准备，每天的工作花一个小时来准备。在准备工作没有完成之前，我绝对不会出门做业务。"

他认为，没有做好准备就去做销售工作，是在浪费自己的时间，也是在浪费客户的时间。

做好销售前的准备工作，是我们成功销售的前提和基础。讲到这儿，你也许会问：到底该准备什么呢？

其实，准备的都是我们平时经常容易忽略或者轻视的细节，包括4个方面：心理准备、目标准备、时间准备和工具准备。

心理准备

如果我问大家做销售的感受，大家一定会异口同声地说："难。"

的确，它是一项十分复杂和艰巨的工作。复杂，是因为销售从最开始的电话预约、见面到最终的签单以及回款，都充满了复杂的人际行为和心理变化过程。艰巨，是因为销售的每一个环节，客户资料的收集，销售机会的评估，产品的推荐……都面临着失败的风险。

所以，你需要做好这两点准备：客观挫折不纠结，主观困难找诱因。

客观挫折不纠结

当销售出现困难甚至临近签单却被竞争对手撬单时，你不要沉溺于失败的悲伤情绪中，并能清醒地认识到销售这个工作是有难度的。

一张成功的订单，需要销售人员 9 至 12 次不间断的拜访和努力。当你遇到逆境时，你要清醒地意识到两点：

1. 客户接受的速度和成功成正比。我曾也被客户无数次地拒绝过。当时，我曾问那些干得风生水起的老销售该怎么办，他们告诉我，销售没有天才，都是敢认输但是不服输的。

说到这儿，你可能会说，我也不服输。这我相信，但是不服输，要体现在第二点上，那也就是：

2. 行动速度和成长成正比。人的注意力在哪里，成功和收获就可能在哪里。如果你把注意力放在受到的挫折上，就会怨天尤人；如果你快速地把注意力放在下一个客户的拜访目标设定和拜访过程设计上，挫折反而显得更有价值。

主观困难找诱因

遇到客户拒绝，你要想想，在成交准备、客户画像以及赢单成交技巧这 3 个方面哪里出了问题，然后对症下药。

曾经的我，在不断受挫后，做了以下几件事：

第一，把每一个客户拒绝的理由记录下来，并及时进行汇总和整理。

第二，把那些拒绝理由按照出现的频率高低进行排序，最常见的，都放在前端。

第三，请教同事和前辈，他们遇到这些拒绝理由是如何解决和应对的，并写下最佳的解决方法。

第四，要把这些完善的解决方法记清楚，避免在工作中反复出错。

销售的人生就是充满压力的人生，这些压力可能来自经济环境、市场、客户或者竞争对手的挑战，你必须正视它们，做好心理准备，打造出有如钢筋混凝土般的坚强心理，才有机会赢得订单。

目标准备

你能用最简短的语言描述一下销售的目标是什么吗？大家可能会说："卖货收款。"如果我接着问："如何实现卖货收款呢？"我想你可能会不假思索地说："客户成交。"如果我接着问："哪个客户，在什么时候，能帮你实现多少回款？这样的客户有多少？"这个问题是不是就不太好回答了？

造成你答不上来的原因，就是你在目标准备中出了问题。那什么是目标准备呢？

它是你在销售实战中，在具体的时间内，确定可以通过努力实现的可以衡量的销售指标。合理的目标准备，能帮助你实现：

第一，目标了然于胸，不是被经理一问，就随便应付了事。

第二，目标科学分配，进度按计划展开，不是被追问能否完成，就拍胸脯保证没问题，而实际情况却是哪个客户能完成，完成多少，心里都没数。

第三，目标推进靠谱，销量完成有谱，不要等到月底销售会议上被批评没完成任务时，再拍大腿后悔。

这里有一个很实用的 SMART 模型可以帮助大家在做目标准备时，所有工作都尽在掌控之中。SMART，是英文单词聪明的意思，同时，它还是：具体的（Specific）、可以衡量的（Measurable）、可以达到的（Attainable）、相关的（Relevent）、有时效的（Time-based）这五个英文单词的首字母缩写。这个模型告诉我们：

1.你的目标绝不能笼统含糊，比如"下个月我全力完成吧"，这样似是而非的就太含糊了。

2.你的目标一定要可以衡量和量化，比如：开发 5 个客户、销量增长 20%。

3. 你的目标一定是努力后可以实现的，比如这个月做了 20 万元的订单，参考去年同期的 18 万元，下个月努力挑战 25 万元，而不是信口就说下个月销售要突破 100 万元。

4. 你的目标一定要有相关数据做支撑。比如，下个月努力挑战 25 万元，因为，你准备开发 5 个新客户，增加的销售额是你新开发的客户能帮你实现具体多少增量之和。

5. 你的目标要有明确的时限标准，就是我们常说的月度、季度、年度的目标。

在用 SMART 模型进行目标准备时，我想你最关心的就是如何来使用 SMART 模型。接下来，我就给你两个使用 SMART 模型的实操建议：

用存量目标打基础

比如，你手里每月自然消费的订单有 5 万元，老客户的订单大概有 15 万元，在此基础上可将 20 万元制定为你的目标，你要心里有数。

通过增量目标找突破

已经有 20 万元的存量订单作为基础，但是目标是 25 万元，中间的差距，就是你的突破点。其实上面的 SMART 分析就给了你答案，这个月需要开发新客户 5 位。

目标的准备，让我们能清晰地规划出我们的行动方向，它可以让我们把工作热情和动力转化到挖掘出 5 位可以帮助实现销售目标的新客户身上。

时间准备

所有的销售人员，不管你是面对 B 端抑或是 C 端、G 端的客户，我们都面对一个共同的敌人，它不是竞争对手，而是时间。

如果我们把销售工作比作一个漏斗，从漏斗的开口开始，销售人员就需要完成一系列的动作：发现并锁定客户—寻找售出机会—引导客户购买……到最终的成交。

其中，获得订单的时间，就是你的销售效率。它决定了你能不能跑赢对手。

下面我就来告诉你改善和提高销售效率的 4 个关键的时间准备：

1. 时间向多数的订单倾斜，也就是把更多的时间留给能够承担销量的客户，就像 20% 的客户决定着你 80% 的订单，你要留 80% 的时间给这些起到决定性作用的客户。

2.合理规划你的拜访路线和接待顺序，不要把时间花在绕冤枉路以及接待等候中。

3.客户的开发和管理，应该按照阶段性和顺序性来展开。举个例子，你制定下次拜访目标时，就一定要全力完成，不要因为见到了决策者，就心猿意马地进行产品推荐。到头来，客户工作做得不扎实，订单到没到手都不确定，这样你的工作就出大问题了。

4.时间安排得科学离不开计划。我知道大家都在做每周的工作计划，不管是拜访也好，预约接待也好，我建议大家每周结束后，回看下你的计划和实际的工作成果，分析下没有完成计划的原因，这样时间利用得更高效。

做好时间准备，在正确的时间，完成正确的事项，可以让你和曾经那个一团乱麻的你说"再见"。

工具准备

不久前，我和一位制药企业的采购总监聊起他对销售的看法，他说："现在的销售，全凭一张嘴，忽悠见高低。推荐产品，弄一些不入流的公众号的文章让你看他们的科研成果。当你问他药学原理和分析报告时，他就拿个手机，凑到你身边划给你看。不看吧，不礼貌；看吧，光线又不好，我就奇怪，现在的销售专业能力都这么低吗？"

在他一连串的追问下，我觉得特别尴尬。客户是我们的产品、服务、解决方案的使用者，他们对我们的评价是最客观和最有价值的，想让客户舒服、不别扭，就要准备好自己的销售工具。

下面我就来告诉你要准备好的销售工具，分别是：

1.品牌工具，包括你的名片、附有公司介绍的折页和宣传手册，整洁的品牌工具就是你给客户展示的第一件产品。

2.产品工具，产品手册无论是电子还是纸质的，一定要页面整洁，内容明晰，这间接代表了产品品质。

3.样品工具，试用试戴的模型，一定是整洁、卫生，并可以无故障试用的。

4.展示工具，笔记本电脑和 iPad，必须能在 10 秒内打开并开始演示，这既可以表明你是为客户而来，又可以证明你在为客户节省时间。

5.管理工具，流畅书写的水笔、笔记本、演示翻页器、A4 纸等，这些工具要整洁、易于取用和归纳。试想下，如果你去买一辆心仪许久的汽车，而销售顾问在签合同时，遍寻不到签字笔，你心里是不是会不舒服。

6.储备工具，电源和以上工具的备份。

7.小礼物，比如马克杯、小徽章等。在使用时，建议不要多带，要让客户在喜欢的同时，还期望你下次来的时候再多带一些。这样，可以让你下次的拜访变得水到渠成。

⊙ 了解这 4 个价值, 可以提高你开发客户的能力

我们面对的"战场",已经从产品主导时代 1.0、价格主导时代 2.0,升级到现在的价值时代 3.0。1.0 时代,社会生产力低下,只要拥有强大的生产制造能力,产品就不愁卖;2.0 时代,机器化大生产,产品变得丰富多样,只要你能控制住成本,提供性价比高的产品,也不愁赚取高昂的利润;到了 3.0 时代,我们的客户变得更加理性和成熟,而且不论是在线上还是线下,他们有更多更合适和可替代的选择。

所以,当下的客户不仅仅关注产品和价格,他们还

聚焦和锚定价值。客户在关注价值，我们提供的产品或服务也必须附加令客户满意的价值。

接下来，这4个价值能让你挣脱"讨价还价"的苦海，为你的销售品牌锦上添花。

顾问价值

每每谈到销售顾问的价值，很多人反馈给我的都是：市场竞争太残酷，客户需求难以捉摸，我们都深陷在价格血拼中，哪会去关心什么顾问价值。

在这里我想给你分享一个既经典又平凡的故事，它能让我们对顾问价值有不一样的认识。

一天早晨，一位老太太来到菜市场买水果，遇到第一个摊贩，小贩热情地说他这里有李子、桃子、苹果、香蕉。老太太说她正要买李子，小贩赶忙说他卖的李子，又红又甜又大，特好吃。老太太却摇了摇头，走了。

老太太走到第二个水果摊前，小贩也很热情地介绍他卖的李子，有大的，小的，酸的，甜的。老太太说要买酸李子，小贩说我这堆李子特别酸，尝尝。老太太一咬，果然很酸，满口的酸水。老太太受不了了，却马上买了一斤李子。

老太太在路过第三个水果摊时，小贩好奇地问："老人家为什么买酸李子？"老太太说："我儿媳妇怀孕，想吃酸的。"小贩马上说："老太太，您对儿媳妇真好。那您知道不知道孕妇最需要哪些营养？"老太太说："不知道。"小贩说："其实孕妇最需要的是维生素，因为她需要给胎儿提供营养。所以光吃酸的还不够，还要多补充维生素。水果之中，猕猴桃含维生素最丰富，所以您要经常给儿媳妇买猕猴桃才行。这样的话，您就能确保您儿媳妇生出一个漂亮健康的宝宝。"老太太一听很高兴，马上买了一斤猕猴桃。当老太太要离开的时候，小贩接着说："我天天在这里摆摊，每天进的水果都是最新鲜的，如果您方便，加个微信，天气不好，您不想出来的时候，想买啥，我给您送去。"

听完故事后，你是不是想给第三个小贩点一个大大的"赞"？他把一名销售顾问应该具备的价值发挥得淋漓尽致。

让我们再来梳理下整个过程：

1. 独到的慧眼，他观察到客户买了酸李子，证明这就是绝佳的销售机会。

2. 最强的大脑，他分析了老太太购买的需求和动机，老年人一般不会吃太酸的东西，产生真实购买的背后一定有着明确和旺盛的需求。

3. 周全的设计，他给予了老太太更全面的解决方案。虽然没有卖给老太太李子，但是却卖出了一整套孕妇通过水果补充营养的解决方案，未来的订单唾手可得。

4.完整的呈现，他承诺品质还送货上门，让老太太觉得这个小贩不仅会做生意，还会做人。

反观我们的销售实践，当明确知道了客户要什么的时候，除了拼价格，你还能做什么？

有效推荐和我问你答的沟通，可以使我们发挥销售价值，轻松卖货。

接下来我想分享 5 个发挥顾问价值的高情商动作，这 5 个动作分别是：真实展现、丰富演绎、有效影响、审慎评价和积极协助。

真实展现

客户通过销售顾问的举手投足和一言一行，能够很清楚地对顾问做出评价。假设我们是客户，我们是不是希望面前的顾问守信和诚实？这是最起码的商德，一个没有商德的销售，被拉黑是常态。所以，请保持真实。

丰富演绎

我们人类是高级感官动物，我们思考判断的信息93% 来自对方的肢体动作、面部表情和语音语调。恰当地运用肢体语言，是实力，更是高情商的具体展现，有助于打动客户。

有效影响

客户在选择购买的过程中观望等待，是因为对购买产品的风险不好评估。但是，当他看到大多数人好像都在购买时，便会毫不犹豫地买单。我在很多的销售辅导课程中，建议销售人员建立自己的产品、服务和解决方案的证明资料，并按照行业客户特点进行分类，做到四有：

有性能和品质描述，有图像或视频，有使用前后对比数据，有客户签字或公章认证。这样，当客户处于犹豫观望的阶段时，把这些展示出来，足以胜过千言万语。

高情商体现在给客户展示其他客户的选择和使用感受，而不是一味滔滔不绝地推介。

审慎评价

货比三家，是客户常见的行为习惯，你免不了在客户的要求下对竞争对手做一番评价。在这种情况下，审慎地评价对手，不贬损对方，才是上策。

那该怎么说呢？

首先，你要肯定和赞美对方的品牌也不错。然后，从产品品质、服务流程、售后保障和回款等方面，详细说明可以给客户带来的价值。最后，在对比下再说说与客户无关的一些差距，这样客户会觉得你真诚，而且是设身处地为他着想，会有效地解除客户的购买防御。

适当的示弱，是高情商的顶级表现。

积极协助

可能这一单不在你的销售范围内，但千万不要置之不理，一定要力所能及地积极协助客户。你帮助客户，会给客户制造心理上的"亏欠感"，让他感觉欠你一张订单。这种亏欠感会牢牢锁定客户接下来的购买选择。

品牌价值

有价值的顾问，都是客户的感情顾问，他们不仅仅能打出一张张"感情牌"，出感情牌的同时，也用自己的行动，彰显着自己背后的品牌价值，也就是我们4个价值中的第2个价值：品牌价值。品牌价值不仅仅是你商品的品牌，更是你的个人品牌。具有品牌价值的销售顾问，往往都有以下 5 种行事方式和准则，你可以看看自己符合哪几条：

恪守时间

"给您介绍下，不会耽误您太长时间"，这是很多顾问的口头禅。

时间不太长，是多长？你给客户带来的是不确定感，客户怎么能认可你的品牌？在有限的时间内顾问对时间的尊重，就是品牌对客户的态度。所以，请即刻去准备 1 分钟自我介绍，1 分钟公司介绍，1 分钟产品、服务和解决方案的介绍。

职业着装

我们做个大胆假设，你在选购中心城区的核心楼盘时会不会去接受一个穿着沙滩裤、人字拖的置业顾问？

如果你觉得这样不靠谱，就认真地准备好职业着装吧，那样，你的形象才靠谱。

专业表现

还记得之前我们分享的四个准备中的工具准备吗？在与客户的沟通中，礼貌地互换名片，适时、有序地拿出公司的介绍手册、结合产品模型和单页进行销售分享。这样的销售谁能不爱。

服务意愿

很多销售会觉得自己并不缺少服务意愿。我却不这么看，因为那只是你在渴望卖产品和服务给你的客户。在销售过程中要表现好你的服务意愿，否则就会丢单，但是如果售前和售后中持续保持服务意愿，客户对你的亏欠感和产生的获利感会增加，让你的品牌价值飙升。

筑牢底线

客户需求的变化，人性动机的复杂，让销售这个本该拼实力的职业变得越来越复杂。但是我们一定不要触碰听到、看到的那些幕后灰色的交易，一旦丧失底线，我们自身的价值就会变得一文不值。

掌握正确的行事方法和原则，不仅会让你的品牌价值加分，更重要的是积累出个人的价值口碑，有了这个价值口碑，身为销售顾问的你，想不"红"都难。接下来，做好这3件事，就可以让你的销售货品价值得到提升，也就是第3个价值"货品价值"。

货品价值

什么是货品价值呢，举个例子，就比如结婚典礼时，你的爱人为你戴上的钻戒，虽然你也可能知道价格，但这个戒指对你来说，是需要倍加珍惜、千金不换的物品。

那么，在销售中该如何彰显我们的货品价值呢？

赋予仪式感

要想让客户觉得他的选择是无可挑剔和超值的，你就必须为货品赋予"仪式感"。意向合作仪式、签约仪式、交付仪式，这种仪式感反映了销售心理学上的"安慰剂效应"，就是说客户会给你的产品和服务赋予额外的积极属性，从而更加确信自己的购买选择。

所以，客户会因为你给予的仪式，更加确信"这真是一次正确选择"的心理投射。

遵守价格

不轻易调低货品价格，物有所值、等价交换是每一位客户最基础的心理认知。一旦价格出现波动，客户就会有被愚弄的感受。这种感受是连锁、终身和标签化的。

营造稀缺感

我们秉持的心理认知就是"物以稀为贵"，在货品呈现和交付阶段适当地营造"稀缺感"。客户在等待期间，对货品的期待值不断提高，可以有效地拉高客户对货品价值的评估。

在价值时代3.0，同质化会成为销售战场最大的敌人。这4个价值能助力你从茫茫的销售大军中脱颖而出，让你远离产品同质化、渠道同质化、服务能力同质化的销售红海。

⊙ 掌握四维信任模型，让客户无法拒绝你

做销售工作，你经历最多的是什么？恐怕绝大多数人给我的回复都是拒绝。

被拒绝是销售工作的常态，我在做教练的过程中也曾问过数以千计的销售，客户为什么拒绝你？得到的答案无非是两类原因：需求不明确、产品不匹配。

这节将彻底颠覆你对客户拒绝的认知，帮你重塑客户无法拒绝的信任机制。

首先，我们还是从客户的生理机制和心理决策机制层面来寻找拒绝背后的真实原因。

　　有人可能会问："老师，你就告诉我怎么解决就好。"如果你也这样想，就错上加错了。我们寻找客户拒绝的真实原因，就像我们牙疼去看病一样，你难道只请医生帮你止疼吗？我们一定会去寻找病因，然后根除它。否则，天天牙疼，谁能受得了呢？

　　那客户拒绝我们的真实原因是什么呢？其实是人类进化的本能，也就是对未知和不确定的逃避和抗拒。就像突然有人在你面前挥舞手臂，你一定会抬起胳膊进行格挡一样。突然有人在你面前挥舞拳头，你会下意识闭紧双眼，这些反应是我们大脑进化的结果，是我们人类最原始和本能的生理神经反应。

　　我们从事销售工作，对客户进行产品和服务的推荐，而客户在逃避和抗拒的本能下，会对你提供的产品和解决方案进行筛选和检查，保持高度警惕。

　　当我们喋喋不休地介绍产品，对客户拿出所谓"狼性"的劲头进行建议时，客户拒绝你，甚至被你逼走，也就不难理解了。说到这里，你一定会问该如何化解客户本能的抗拒和逃避呢？接下来我就分享一个四维信任模型，让你远离客户拒绝，它们是：印象—品质—专业—安全。

首先，我们来说说印象。

这个"印象"就是我们常常说到的第一印象。心理学研究发现，初次会面，人们就能在45秒内通过对方的面部表情、身体姿态、衣着打扮、动作举止、语音语调等方面的印象，判断对方的内在素养和个性特征，并以此作为下一阶段行动的判断依据。

我们常说的"以貌取人"就是在第一印象的作用下，客户一定会产生的心理判断。

同时，客户的内心基于第一印象，还会产生另外一

种十分可怕的心理判断，那就是晕轮效应，即客户往往
会通过他们获得的片面认知，比如看到的、听到的、感
觉到的，去做全面系统的判断，成语中的盲人摸象，大
概就是这个意思。

在晕轮效应下，客户看到衣着整洁干净的销售人员，
会联想和放大其提供的产品服务和解决方案的完整性与
全面性。

大家一定还记得，我们在 "品牌价值"中分享的第
二点职业着装，这是释放产品品牌和个人品牌的诱因，
就是第一印象。

除了职业着装之外，还有哪些方法能帮助我们塑造
完美的第一印象？这里我分享 5 点：

1. 积极正面的坐姿或站姿。要正面面对你的客户，
倾斜的身体是随意和不尊重的表现；

2. 身体姿势自然开放，切忌双手抱胸、抖腿、颠脚

等消极的姿态；

3.你的身体，不论站立还是坐姿，都要微微地前倾，表示你积极的服务意愿；

4.你的目光要和客户接触，斜视、觑视都不可取；

5.身体适当放松，你的紧张，不仅仅会传递给客户，还会让客户怀疑你的自信心。

通过不断练习，掌握和体会这5个动作的同时，请大家时刻保持面部微笑，传递给整个世界积极阳光的生活和工作态度。

接着，我们来看四维信任模型中的第二点：品质。

美国一位著名的心理学家安德森绘制了一张表，列出了550个描写销售人员的形容词。他让10万名受访者指出他们最信任的销售人员所表现出的共同特点。

在信任关系中，最被人们关注和信赖的销售人员不是因为他们聪明、能干，更不是因为他们随叫随到，而是因为他们非常诚实和诚恳。

大家成为销售人员前，一定接受了不同程度的销售训练。有些销售训练，只是在训练我们如何滔滔不绝，甚至添油加醋地介绍产品。个别销售，为了实现自己成单的私欲，甚至夸大产品的特性和功能，或者刻意回避产品可能存在的一些销售风险。其实，这些做法都是对客户信任的野蛮破坏。

去年，在给一家电动牙刷的代工企业做销售辅导的时候，我陪同他们的销售顾问拜访了他们的客户，一家全球知名的口腔护理公司。其间，客户询问了销售顾问有关电动马达噪声数值的问题，因为这是一个很关键的产品指标。

销售顾问很诚实地将数值反馈给客户，他说："低端马达噪声大，如果在牙刷内壁增加一道涂层，噪声将有效得到抑制，甚至好于高端马达，而涂层的工艺和成本很低，几乎可以忽略。"客户于是采购了 20 万只低端牙刷。

我问他："为什么推荐低端马达而不推荐高端马达？低端马达可是没有任何奖金和提成的。"他告诉我："虽然高端马达有很可观的奖金，但是如果我为了奖金去推荐高端马达，当客户知道了涂层可以改变和控制噪声的时候，他不仅会怀疑价格，甚至连我们的产品和品牌都会怀疑，更不要说我这个人了。"

你看，销售工作要做到诚实，确实是既复杂又简单。说它复杂，是因为我们要战胜人性的弱点；说它简单，是因为我们仅仅需要保证诚实的品质。

接下来，我们来看四维信任模型中的第三点：专业。

专业，是你在构建与客户的信任过程中，能有效地让客户接受你，而不是拒绝你的关键。

专业，是走进客户世界最简单的办法，也能快速让你的顾问角色得以实现。一个不被客户拒绝，让客户依赖的专业销售顾问，可以从培养以下 3 点技能上武装自己：

1. 专业的行业咨询能力。还记得我们之前提到的第三个小贩吗？居然用一句"水果之中，猕猴桃含维生素最丰富"征服了客户的心。

2. 专业的产品技术分析能力。客观反映市场产品的优劣，而不是喋喋不休地介绍自身的产品，我们前面提到卖电动牙刷的那个顾问，就是出色的代言人。

3. 专业的工具应用能力。认真地针对列表，梳理、准备，在适合的时候用起来，你能从平凡走向不凡。

最后，我们来看四维信任模型中的第四点：安全。

销售是一项高级的人际交换活动，一方由销售顾问提供产品、服务或是解决方案，另一方则是客户支付相应的货币。

2017 年诺贝尔经济学奖获得者理查德·塞勒教授从客户投资决策心理上分析得出了一个理论，叫"损失厌恶心理"。

销售顾问所推荐的产品、服务和解决方案，带给客户的未知，让客户从心理上担心、忌惮，没有安全感，担心你带给他的产品和服务的未知风险，远远大于他的预期和现状。所以，客户从心理上感到害怕。

下面给大家 3 个建议，让客户不再害怕你：

1.在不明确真实需求的情况下，不要轻易匹配你的产品，主动推销就等于假冒伪劣；

2.在不明确购买动机的情况下，不要匹配曾经的成功案例，盲目植入等于忽悠；

3.在不明确企业采购流程和结算习惯的情况下，不要匹配解决方案和价格，盲目报价等于霸王条款。

在我们的销售实践中，不论是高频的消费品，还是低频的工业品，你都必须筑牢客户对你的信任。因为信任就像玻璃杯，一旦破碎，就无法再愈合。

某家大数据平台曾做过一项调查，有 67% 的客户拒绝购买的原因是不信任之前的销售人员，10% 是因为需求不紧迫，10% 是产品属性不适合，只有 13% 是觉得解决方案不适合，可见与客户构建信任。

我常常把与客户建立信任比作销售人生的一次修行，善待我们通过第一印象、通过品质、通过能力、通过给予客户安全感所"修"来的客户信任。有了信任，我们的销售人生才能有更多的伙伴和机会。

把客户研究透，是拿下订单的必要前提

⊙ 如何精准拓客？

我曾经应邀参加某互联网平台企业的销售年会。聚餐的时候，我很礼貌地祝贺他们的销售团队取得了出色的销售业绩。没想到销售总监却苦不堪言地说："关老师，您看到的只是今天汇报的那些数字。您不知道的是，我们过去的一年里有多难。"

看着他堆满愁容的脸，我很好奇难在哪里？他说"业绩压力太大"。我安慰和鼓励他。确实，销售这摊事儿，业绩就代表着尊严。得死扛。

他接着说："可真没那么简单。我的团队里，有经验的销售扛的业绩目标多，也很拼命，可是毕竟手里的客户就那几个，潜力就那么大，市场竞争激烈，'狼多肉少'，客户的订单虽然能勉强跟上节奏，但是订单被客户反复挤压，利润少得可怜。新入行的'销售小白'，刚刚入行，虽然有积极性，但是手里没有客源，即使靠着一股冲劲一天拜访十几个客户，也没有一个能成单，效率很低。"

这位销售总监的苦衷，你是不是也感同身受？

销售人员的悲欢喜乐来自业绩，可真正决定业绩走向的却是客户。

那些老销售，深受业绩压力困扰，根本无暇顾及新客户的开发和培养，导致最终只能从"一只羊身上薅羊毛"。

新入行的"销售小白"，还没有掌握寻找客户和精准拓客的技巧，付出的汗水换不来预期的结果，他们甚至会怀疑自己是不是在做无用功。

客户都在哪里？虽然这看似是个无解的难题，但是我们必须要勇敢、大胆、积极地走出这个困局：

1. 你必须主动去找客户，没客户，后续的销售行为就无法进行。

2. 你必须找新客户，客户的价值是有周期的，流失是正常的。只出不进，客户池没有鱼，是早晚的事，业绩无从谈起。

3. 必须找有价值、能快速成单的新客户，这样才有可能实现业绩增量。

困局不可怕，关键是要找到拆局的科学方法，我们今天就从"5W"中找到可以帮助你精准拓客、发现新客户的方法。"5W"是你打破困局、精准拓客的 5 把专用钥匙，分别是：What，Who，When，Where，Why。

第一把钥匙：What，也就是卖什么？

当我问很多销售人员"卖什么"这个问题时，大家给我的都是"卖养生品的""卖家具的"这种简单粗暴的答案。举个简单的例子，这个"卖养生品的"，我们是不是就很疑惑呢？是卖给中青年还是中老年？如果是中青年，我就会朝着中青年聚集的地方去拓客，比如写字楼；如果是老年人，我就会朝着老年人聚集的地方拓客，比如跳广场舞的广场和中小学的门口。

如果你还这样简单和粗暴地理解自己的产品，那你的精准拓客就陷入"落位"不准的泥潭了。

落位是指在体育比赛中，运动员攻防的正确位置。只有你的位置站得正确，才有可能获得胜利。就像篮球队里的大中锋，他的位置必须在篮下，如果大中锋整场比赛都游荡在三分线之外，那比赛的得分一定不会太高。所以，在销售精准拓客的实践中，这个落位是否准确，决定了一个销售未来拓客是精准还是瞎忙，因为：

1.落位可以帮助我们找到精准目标客户；

2.落位可以帮助我们形成拓客行动方案；

3.落位可以帮助我们找到具体拓客行动方法：是扫码入群，是电话邀约，还是亲自登门造访。

说到这儿，我想你一定感受到了"落位"的重要性。接下来，我给你3个具体的落位方法：

1. 明确产品属性是什么。也就是明确你的产品应该卖给谁，被用来解决什么问题。

2.明确竞品、替代品或者互补品分别是什么。也就是找到客户的某个需求，除了用你这个产品，还会用其他什么产品来替代。

比如：客户除了可以用老年壮骨粉，还可以用什么来替代？中老年钙片还是晒太阳？

3. 客户的固有选择是什么。其实就是了解客户目前在使用的产品是什么。

　　赛场上的精准落位，使球队势如破竹；商场上的精准落位，可以帮助我们明确应该卖什么商品，明确竞争和市场替代品，明确客户的选择。

　　说完"What"，明确你卖的产品后，接下来我们说第二个"W"，Who，也就是卖给谁？

　　我们以老年壮骨粉为例，谁是你的客户？你会说，是老年人嘛。那我继续问你，年龄段呢？是居家型老人，社交型老人，还是保姆型老人？他们是买给自己喝，还是子女们孝敬买给老人的？他们是企业退休人员，还是机关退休人员，多久买一次，等等。关于这些问题，我能一直问下去，你是不是可能就说不清了呢？

　　而这些关于卖给谁的精准问题，就是我们完成进攻落位后，即刻就要完成的投篮动作，而篮筐就是客户。

　　所以，瞄准你的目标，瞄准你的客户，想要拓客成功，就有必要进行精准的客户画像。

我先帮助大家理解下什么是客户画像：客户画像是清晰目标用户的轮廓，联系用户诉求的有效方法，它可以使产品的服务对象更加聚焦和专注。举个例子，我们绝不能用"男性或女性""30 至 40 岁"这种看似精准的标签。我们模拟一下这个"Who"的画像，还以上面的老年壮骨粉为例，大家会有更清晰的理解：

他们是 60 至 65 岁"有养生习惯的老年人"；他们喜欢社交，容易接受权威的养生意见和建议；他们每月有 3500 块以上的退休收入；他们不仅喜欢购物，还能够鼓励和影响周围的人购物。

描绘清晰的客户画像，能在精准拓客阶段帮助我们实现两个关键点：

1.牢牢地锁定靶心目标，让我们行动的目标性更强，就像篮球赛，你要做的是投篮得分，而不是把球随便抛向篮板，进不进听天由命。

2.远离晕轮效应，精准锁定客户的干扰。

接下来，我们说一下，精准拓客的第三个"W"——When，也就是客户何时买。

每个产品都有着自己不同的独立属性和购买规律，而消费者也有着自己的消费节奏。搞不清规律和节奏，你的精准拓客就会出现"忙盲茫"的大坑：

1.看似紧张，却忙乱无序；

2.显得努力，却盲目出击；

3.干得辛苦，却茫然无获。

这3个"忙盲茫"，就是你在比赛中总是投篮，却总不能把握正确的出手时机；就是你在拓客阶段即便使出全身的力气，却收效甚微的症结所在。

说到"When"，我继续结合上面的老年壮骨粉的案例，给你两个建议：

第一个建议：根据产品属性找出消费规律。作为养生产品，除了老年人自己购买之外，当节假日全家团聚时，还会成为儿女们的伴手礼。所以，节假日和周末就是精准拓客的最佳时机。

第二个建议：根据客户资金来源，找出其使用习惯。老年人的消费资金，主要来自退休金，那么在老年人集中发放退休金的时间就是精准拓客的最佳时机。

接下来，我们看精准拓客的第四个"W"—— Where，哪里买？

说到在哪里买，我和大家一样感慨，移动互联网高速发展的今天，各种综合类的平台，几乎可以解决我们100%的消费需求，甚至买房买车这样的大宗消费，我们都能通过网上实现。

同时，我们也必须承认，互联网的虚拟特征和商品属性必须是与产品有机结合的，不要武断地认为，放在大平台上销售就可以解决一切拓客的问题。如果真是那样，就又犯了晕轮效应带来的错误。精准拓客的渠道"Where"，就是要你打出一套组合拳，这套线上与线下结合的组合拳必须有分析、有方法：

1. 产品属性决定你精准拓客的渠道组合。我们再回到老年壮骨粉的案例。经过大数据分析，线上客户占到销量的 6 成，线下客户占 4 成，所以线上线下的销售工作必须双管齐下，齐头并进。

2. 客户消费习惯决定了精准拓客的渠道战术。线上，我们在头部平台建店，节假日和周末用开屏广告，主打温情、亲情、孝敬美德的文化传统牌，新客户购买，额外送鲜花，送试用装。线下，可以利用社交型老人的社交圈——老年大学、广场舞协会，通过他们来宣传新客户购买送米、送油、送体检等优惠活动。

　　接下来，我们解决精准拓客的最后一个需要攻克的问题——Why，就是客户的购买动机是什么。如果现在还把动机停留在满足客户需要上，就太过时了，因为当客户需求被满足时，客户没有黏性，到处是相似的产品和服务，你的销售工作又不够亮眼，客户为什么要选择你的产品呢？

　　所以深挖客户的"Why"即为什么购买的深层次动机就十分关键。就像买奔驰轿车的客户，内心动机是三叉星徽带给自己的身份认同感；就好像吃士力架的客户，内心动机是迅速恢复体能。

　　现在我给你两个深挖客户动机的技巧：

　　第一，从消费场景上深挖动机，我们最后一次用老年壮骨粉作为案例。老年人看似腿脚不灵活，需要补钙，但是对于社交型老人来说，补钙就意味着可以参加广场舞、老年大学、夕阳红之旅等社会活动。

第二，从购买心理上深挖动机，老年人看似腿脚不灵活，需要补钙，但是对于社交型老人来说，补钙就意味着身体好，在这个不需要"拼爹"的年龄段，硬朗的身体，就意味着在社交中能占据"C位"。

我们深挖客户动机的过程，就是不断问自己"Why"的过程，就是不断更深、更全面发现客户"痛点/痒点"的过程。我们的目的只有一个，让我们发现的客户，成为我们的合作伙伴。

⊙ 快速摸透客户属于哪种性格

我辅导过的一个"销售小白"曾经私信我说："关老师，很感谢你一年以来的帮助和鼓励，让我成长很快。可最近我却遇到了瓶颈。我虽然是一个慢性子，但是做事很有韧劲。在销售岗位上，我结交了很多客户并与他们成了朋友。尽管如此，仍有大量客户认为我不会换位思考，做事慢慢吞吞，甚至还会投诉我的工作态度。很多订单因为这些问题而丢失。我很疑惑，我的长处，怎么在客户看来就变成了短板呢？"

我想很多读者一定和这位学员有着相似的经历和感

受，这在销售行业中被称为"18个月定律"，是指从踏入销售领域开始到第18个月，业绩一般会呈增长趋势，但是18个月后业绩增长会迅速减慢，甚至下降。

很多人认为这是销售人员缺乏激情所致。其实，真正的原因在于销售人员认为自己已经非常熟悉产品、掌握了如何推销该产品的技巧，忽视了对客户需求的理解、客户动机的探究以及客户性格的深刻分析，实行所谓"死磕硬杠"的产品和服务的推荐战术。

我们可以选择不同的行业类型进行产品和服务的销售，却无法选择客户，但是每一位客户对于你的业绩和企业的发展都可能起到决定性的作用。

面对什么样的客户，你没有选择的权利，只有接受的本分。因为：

1. 如果客户因为不接受你而拒绝你的产品和服务，客户内心的"负面偏好"会占据主导。

　　负面偏好，是指当客户觉得你是一个"不靠谱""不守时""不负责""不精准"的人，他会搜集一切信息来证明他的判断是正确的。同时，他会把这种偏好投射到产品和服务上，觉得产品和服务同样也不靠谱。

　　2. 如果客户因为不接受你而拒绝你的产品和服务，客户的这种偏好情绪可能会影响到至少 25 位类似的客户不去选择你的产品或者服务。

　　既然不能选择客户，又要让客户接受，那该如何调整，才能更好地了解客户，让客户接受呢？

　　有一把铁锁坚实地挂在大门上，铁杆大摇大摆地走过来，试图撬开这把锁，但费了九牛二虎之力依然无法打开。这时，一把瘦小的钥匙出现了，它扭动身躯，钻进锁孔，只稍微转动了下，铁锁瞬间就被打开了。铁杆惊讶地问道："我这么有力气都打不开这把锁，你是怎么做到的？"钥匙微笑着说："因为我最懂它的心啊。"

对销售人员来说，客户是否接受你，靠的绝不是蛮力，而是巧劲儿。这个"巧"，就是你能摸清客户的性格，知道该说什么，不该说什么，该做什么，不该做什么。

人的性格本无好坏之分，只不过，不同的性格会有各自的惯性思维、行为方式以及情绪反应，这对于销售人员有效地区分不同性格的客户，制定不同的让客户接受的战术方法大有帮助。

那么性格如何区分呢？

古希腊"现代医学之父"希波克拉底提出过"体液学说"，认为人体由血液（blood）、黏液（phlegm）、黄疸（yellow bile）和黑胆（black bile）四种体液组成，这四种体液的不同呈现，使人具有截然不同的性格表现。融入"色彩心理学"的概念，则可延伸为以下对应关系：多血质，红色性格；抑郁质，蓝色性格；胆汁质，黄色性格；黏液质，绿色性格。

4种颜色性格自发现之日起，就广泛地应用在临床科学和行为科学当中，在营销领域同样被大家接受。

接下来，我们就针对这4种颜色的性格，从3个层面帮助大家完整地搭建一套不同性格色彩的"读心术"。我们先来讲讲这3个层面：

层面1：行为表现，就是去观察客户的行为。相由心生，任何表象都源自内在心理，也就是我们常说的"你的表情出卖了你"。客户再怎么会演戏，一些小表情都会出卖他。比如，那些销售中的读心高手，总是会通过客户的高谈阔论，判断出客户内心真正的需要是什么。

层面2：动机需要，就是去分析客户的动机。我们的行为，都是深层次动机的反应，当面对那些死磕数据、不苟言笑的客户，高明的销售从不大说特说自己产品的优势和特点，而是将产品数据报告分类并标注重点，他们给予客户的不是行为上的碰撞，而是心灵上的交流。

层面3：心理解密，就是用不同的心理效应去影响客户的行为和决定。我就曾经遇到这样一位销售，客户对于他的建议，内心始终犹豫不定，不肯下单。他推动签单不是靠死缠烂打，而是主动邀请客户拜访他的标杆客户，同时细心地将曾经合作客户的证明资料拍摄剪辑成视频播放给客户看。这种口碑销售法最终助他拿下了百万级订单。

面对热情似火或冷若冰霜的客户，如何在冰火两重天中自由切换，不仅仅需要你有读懂客户内心的能力，还要有驾驭客户内心的方法。

下面，我们根据这3个层面来解读以下4种颜色性格客户的真实内心。

红色性格

我们一般会认为红色代表着热情似火。没错，红色性格的客户不论是在消费品市场抑或复杂项目销售中，都普遍存在。他们对产品的使用体验、项目设计背景、应用场景都有着绝对的话语权。

红色性格的客户，在销售沟通中，亲和力强、合作积极、能说会道、肢体语言丰富，善于用情绪影响和干扰销售人员。这类客户有着什么样的动机需要呢？他们普遍渴望通过努力被社会和群体认可，得到全世界的肯定和赞美，这是他们深层次的需要。

对于红色性格的客户，我想分享给你的心理解密是：运用"有效的期待"心理，进行引导。

什么是期待心理呢？

它是指人的天赋与才能都深深地潜伏于心里，需要外界各种因素的激发。而期待、鼓励、支持、赞扬等积极的外界因素，会激发身体中的潜能。你可以在销售实践中，积极地肯定他的合作意愿，巧妙地赞美他的明智选择，这样做会有效推动红色性格的客户帮助你完成签单或者回款。

去年我辅导了一位叉车销售员，他的客户的老板一直觉得价格太高，而车间主任属于典型的红色性格。我们的话术技巧是首先肯定选择，然后承诺品质，最后描绘未来："刘主任，您作为车间管理的行家，真是有眼光，选择我们，也就是选择了行业内的叉车典范，我们的叉车保养周期长，故障率几乎为零。一旦合作，车间高效的转送、移动货品的零误差，都会提升您的业绩表现。"

这一番话，让车间主任的信心立刻爆棚，不断给老板吹风，最终在他的帮助下成功签单。读懂客户的红色性格，你就多了一个帮手，而不是对手。

蓝色性格

一说到蓝色，你首先想到的可能是沉静的大海。蓝色性格的客户，他们都是技术流、逻辑派，是你产品和解决方案的审核者、校验者。

蓝色性格在销售沟通中的行为表现是：不苟言笑，甚至有些死板，同时，他们对于你的任何承诺都牢记于心，分毫不差，他们忠于数据、标准和规则。

他们的动机需要就是内心完美主义心理的实现，渴望每件事都成为完美的样板或技术标杆。

蓝色性格的客户的教条和死板，虽然看起来不近人情，难以接近，但是如果你借助哈洛效应就会对他们产生强烈的影响，实现对他们的"心理解密"。哈洛效应，就是指借助于某种强大、权威或者象征意义所形成的高于其真实性的影响。通俗地说就是你给蓝色性格的客户赋予权威、专家的属性和标签。

绿色性格

我们再来看绿色性格。绿色性格的客户就是你遇到的无欲无求的那一类客户，变化、更好这两个词好像并不属于他们，他们是你推荐若干次却无动于衷的那一类客户。

绿色性格的无动于衷并不代表他们内心真的佛系，其实是他们内心缺少做决定的动力。他们担心你带来的风险远远大于你承诺的收获。

针对绿色性格的客户，你的销售动作要循序渐进，要让他们看不到风险，同时可借助败犬效应来帮忙。败犬效应是指借助示弱，来换取对方的帮助，使自己的需求得到满足。

举个简单的例子，一笔20亿元的投资项目，A业务员预计可以带来每年2亿元的收益，并带动投资地区的就业和扶贫工作；B业务员预计这次投资可以解决2000个就业岗位，帮助 100 个家庭的脱贫，同时实现收益。B 业务员的投资项目很容易被绿色性格客户接受，因为相比收益的风险，他们内心更渴望通过付出，帮助别人。

黄色性格

黄色性格的客户在和你接触中，表现出思考缜密、独立性强、好奇心重，凡事都会坚定地说一句"以终为始"之类的话。黄色性格的客户深层的需求动机就是追求最佳和权力。

黄色性格的客户，真的很难相处，不仅强势，而且对效率和效果都有一定的要求。在黄色性格客户的压力面前，你要做的就是运用心理学中的富兰克林效应来化解压力。富兰克林效应，就是向那些不喜欢、不信赖你的人寻求帮助。

你没听错，就是帮助。当我还在米其林工作的时候，就遇到这样的一位黄色性格的客户。他是老兵，复员后当了 10 年刑警，经商后成了运输企业的亿万富翁，我一次次给他做销售工作，都无疾而终。

2008 年春节前，我买不到回家的车票，无奈求助于他，他不仅帮我买票，还分文不收。最让我感动的是，我刚进家门就接到了他的电话，问我是否顺利到家。后来，在我一次次的求助下，他自然而然地就成了我的客户。

所以，对于黄色性格的客户，用好富兰克林效应，让他们通过帮助你获得成就感，剩下的事情交给时间。

读懂客户的性格并非难事，销售可以在与客户的接触中，通过对方的肢体语言、情绪反应、说话的音量和语速做出基本的判断。

俗语道：爬山要懂山性，游泳要懂水性。做销售需要深谙人性。要读懂客户的性格，并不是要让客户对你产生什么感觉，而是因势利导地让他对自己产生不一样的感觉。

⊙ 搞清这 4 类客户动机，想不赢单都难

在日常的线下销售管理培训中，我经常会问学员这样一个问题："销售到底是做什么的？"其实每一位销售都应该思考下这个问题。

我通常得到的答案有两个：1. 销售是产品和服务的提供者；2. 销售是帮助客户解决问题的人。这两个对销售的定义，哪个更准确呢？

我是一名职业培训师，到全国各地讲课是我的工作。记得在宁波的一场培训，我提前走进培训教室静候学员们的到来。课程开始前，助教捧着 3 杯水放在讲桌上，

我表示感谢时提出 1 杯水就够了，不需要这么多。

助教却说："关老师，上午辛苦，第一杯我接的是温水，您课程开始后就可以直接喝，给您放在电脑边；第二杯，是稍微热一点的，您一小时后喝就行，给您放在话筒边；第三杯是开水，等您课间休息的时候，就不冷不热了，喝着正好。"

讲到这里，我想你对于销售是做什么的，一定在心中有了答案。每次回想起这个经历，我在感激之余，也在深刻地反思我们正在经历的销售工作。

我们日常的销售工作有时真的很聚焦于客户的购买动机。当我们的客户口渴的时候，我们作为销售人员，自然而然想到的就是通过销售一瓶水，来满足客户的需要。这看似是无懈可击的销售闭环，其实在这中间我们忽略和丢失了对客户购买动机更为全面的探寻和理解。因为：

1. 客户的动机不仅有你看到的，也有你看不到的，我们忽略的就是更关键的隐性动机。

2. 我们看到动机，却忽略了动机的强度和周期，原本可以引爆的大订单，到了你手里，却变成了一个可怜的小火星。

3. 我们没有看到动机，往往是因为我们直观地觉得满足不了客户的需要，进而轻易地丢失了销售的赢单机会。

接下来，我会对以下 4 类客户的动机做进一步的分析，这 4 类客户是增长动机客户、脱困动机客户、平衡动机客户、自负动机客户。了解完这 4 类客户，可以帮助你解决：1. 敏锐捕捉到订单在哪里；2. 懂得怎样赢得订单。

增长动机客户

顾名思义，增长动机的客户，就是希望通过购买，实现比现状更好的目标。他们的口头禅就是"我希望变得比现在更好"。

"既然客户都主动要购买了，尽全力满足他就好了。"如果你这样认为，就彻底拉低了赢单可能性。因为在客户的增长动机面前我们通常面对的是显而易见的订单机会，但往往会忽视甚至丢失掉对赢单起到决定性作用的产品、服务和解决方案，还包括购买决策者。说到这儿，我想，你一定很关心，面对增长动机的客户，除了完美的方案，这类客户还应该怎么搞定。我们先来看个案例：

十多年前，美军为了提高一线作战部队的信息化水平，公开招标了一批 PC 产品，招标数据和标准公布后，全球各大厂商纷纷根据招标数据和要求制作了样机并等待交付。唯有惠普，拿着样机和采购标准，先是拉着招标委员会的成员跑遍了美军散布在世界各地的每一个兵种，寻求标准与应用的统一。这期间，针对数据标准和应用场景，惠普与委员会和士兵们进行了深度的讨论，还将与士兵们和招标委员们在沙漠、海洋、崇山峻岭间测试的照片登到报纸和网站上。

开标那天，惠普在招标委员会的一致赞扬和肯定声中胜出。事后，各大厂家感慨，不是输给了招标委员会的标准，而是输给了狡猾的惠普，用自己的解决方案满足了招标委员会的各种潜在需求。

惠普的这波"神操作"，就是借助了消费心理学上的登门槛效应。说白了就是指一个人一旦接受了他人的一个微不足道的要求，为了避免认知上的不协调，就有可能接受更大的要求。

所以，面对增长动机的客户，你要做好这 3 点：

1. 产品设计和解决方案，一定不能闭门造车，应该邀请客户由浅入深地进行建议和深度参与。

2. 一定要将客户的每一个建议和参与的过程都一一标记下来。

3. 提交的最终解决方案中，一定要展示你和客户共同完成的成果。这样一来，客户在决策时，就不会主动挑毛病，因为这个方案也有他的功劳。收割订单，就会更加容易。

脱困动机客户

顾名思义这类客户，他们的动机是急于摆脱困境，这个困境就是我们日常说的"痛点"，脱困动机有 3 个很明显的标志：1. 迫切；2. 脱困为主，其他次要；3. 不看方案，关注结果。

当客户的动机类型发生了转变，我们的赢单方法也应该顺势而为。针对脱困动机的客户，我们需要迅速帮助客户摆脱泥潭，修复损失就成了当务之急。

面对急于脱困的动机，让客户的订单向你靠拢，你可以利用牧群效应也就是从众心理。单个的人类很容易受到外界人群的影响，即使是知觉、判断、心理素质异于常人的人，也会或多或少受到众人的影响。因为大多数情况下，我们会认为，多数人的意见往往是对的。

利用牧群效应去影响客户决策，我们可以直接告诉他，多数人在类似的情况下这样选择，并迅速脱困。就像一个被疼痛折磨得死去活来的病人，他不需要安慰、鼓励，他需要医生给他打止痛针，因为所有的病人都有这样的想法，结果非常有效。

针对脱困动机的客户，你在谈判中，请不要过分夸大你给予的解决方案的能力，因为客户在你的帮助下，一旦脱困，任何没有兑现的承诺，都将干扰和影响你未来订单的连续性。

平衡动机客户

这类客户，他们自己看上去既没有展现出强烈的"我希望比现在变得更好"的增长动机，也没有"我好痛"的脱困动机，他们的世界是"风和日丽"的。

你的每一次销售建议，似乎都是对牛弹琴无功而返。这类平衡动机的客户真的是没有动机吗？我的回答是否定的。他们有，他们只是不愿意让你看穿罢了。为什么呢？原因有三：

1. 他们恐惧你带给他的未知，因为他们现在是平衡的，一旦做出改变就有可能出现"脱困"的局面，与你合作就可能是招"臭棋"。

2.客户的"损失厌恶"心理在主导。是指客户特别担心与你合作给他带来的风险太大，与其那样，还不如保持现状。

3.从信任机制上，你们还没有成为无话不谈的朋友，所以你再怎么"深挖痛点"，也无济于事。

面对平衡动机客户，我们真的就无能为力了吗？不。当然有，但是需要你有动机地做。给你3个击破平衡的建议：

1.关注行业政策对平衡的影响，做有心人。

2.关注内部组织架构调整的影响，等有心人。

3.关注内部的生产管理新项目影响，找有心人。

自负动机客户

顾名思义，这类客户很自负，因为他们生产效益蒸蒸日上，内部管理井井有条，看上去一片欣欣向荣的景象。

这类客户，处在行业的头部位置，往往是你客户中的标杆。

面对自负动机的客户，赢单的机会，主要来自这两个方面：

1. 能结合行业特点及时地提醒和建议客户未雨绸缪和防患未然。

比如，在短视频流行的今天，警察执法有记录仪，而老百姓手中个个有手机，不同的拍摄视角，就会造成老百姓被片面的视频误导，曲解警察的公正执法。一个高明的培训顾问，将《短视频的执法艺术》的培训课程卖给了公安机关，并成为民警执勤的学习辅导资料。

2. 你要艺术地与自负动机客户交流沟通。

给予自负动机客户最好的诱饵，关键是要让他们看到未来的样子。

　　不久前同学聚会，在一家大数据公司做老总的同学，居然给我们带了一箱国内最好的白酒。他说不久前成功将大数据分析系统卖给了一家国内顶级的白酒企业，并且正在辅导和帮助企业成立大数据分析部。

　　我好奇地问他："这家企业还买你们的系统？"他说："大数据能让企业知道，客户的年龄段、收入层次、消费热区、价格倾向，消费酒水是和家人分享还是用在业务应酬，等等。这将决定企业未来10年几十亿广告投放是否精准，几十亿的新品研发上市是否对路，几千亿的市值能否牢固。花几千万做大数据，对他们来说，就是最精明的选择和投入。"

⊙ 你是否了解了客户的需求？

不论在任何场合，销售们向我吐槽最多的就是：客户的需求明明就摆在那里，但是无论如何苦口婆心、舌灿莲花，客户就是不下单。是因为没有找准需求，还是方法有问题呢？

面对苦口婆心的产品介绍、服务推荐、解决方案的呈现，客户岿然不动，就是不买单。我想，这种情况的发生，无外乎有 3 个原因：

1. 你没有让客户感受到，你的产品和服务，符合他们的预期；

2.你没有让客户感受到，你的产品和服务，能解决他们遇到的问题；

3.客户和你尚未建立信任关系，所以直接拒绝你。

当医生拿着化验单告诉患者："按时吃药，戒酒，你的酒精肝才不会危及生命。"这时，患者都会乖乖放下酒杯。

我们可以把客户当成患者，而我们扮演着医生的角色，每一个客户购买决策背后都有一个神奇的力量驱动他们通过购买你的产品、服务和解决方案，来解决现在面临的困境。这个神奇的力量就叫作"非理性冲动"。

非理性冲动是说客户的购买决策，都是非理性的。当客户冷静下来的时候，会用理性的逻辑，进行自我说服和社会说服，来证明自己的非理性是理性的选择、正确的选择和最佳的选择。

比如全球举办大型体育赛事时，就是运动品牌营销宣传最密集的时候，很多人会在广告的刺激下买运动服或运动鞋。可结果呢，购买后那些服装和装备往往被束之高阁。

我们购买的决策过程就是一个典型的非理性冲动。在销售实践中如果我们对非理性冲动有效地进行利用，它就是助力成单的催化剂。接下来我们就和大家分享四个让客户产生非理性选择并迅速决策的催化技巧：客户需求的显性化——刺激与引导；客户需求的迫切化——呈现；客户需求的个性化——唯一；客户需求的明确化——数字。

第一个催化技巧，就是引导和刺激客户还没有意识到的需求，让这些需求明显起来。

客户看似习以为常的事情，往往就是销售机会。给你分享一个案例。20世纪30年代美国的电影院，观众根本没有喝饮料和吃东西的习惯，电影院只靠卖票赚钱。

影院为如何实现增收而感到苦恼。这时，一个播放员设计了一台高速投影仪。在放电影时，两部机器同时工作，可口可乐和爆米花的信息在电影屏幕上一闪而过，每次停留的时间仅为1/3秒。一周后，可口可乐和爆米花的销量分别上升了18%和58%。今天，我们看电影时喝饮料、吃爆米花的习惯就来自90多年前的那位电影播放员。

电影院让爆米花和可乐增收的方法其实就是让客户需求显性化。而这一点，其实是"诱因理论"在起着决定性的作用。

诱因理论是消费心理学的一个概念，它是指所有客户的购买决策行为都是由刺激和引导引起的，并且在潜意识中，每个客户都力图使自己的行为看起来很合理。

电影播放员看似无心插柳的一个实验，用瞬间的画面刺激观众的行为发生改变。在销售中，你还要在刺激和引导的应用中注意这两点：

1.刺激购买决策，让客户快速下单，刺激强度要适中，不要盲目夸大。

2.引导购买决策，让客户快速下单，需要循序渐进，否则客户很难适应。

第二个催化技巧：客户需求的迫切化——呈现。是让客户未来的需求，变成即刻的需求。

真正的高手是通过给客户制造对手压力和时间压力，让订单决策变得简单。和你分享一个心得：

在你给客户制造时间压力时，一定要强调时间是有限的，就像老师对孩子说，你必须努力，因为一周后就会进行月考。这时压力也就随着时间迫切起来。

第三个催化技巧，客户需求的个性化——唯一。就是让客户的需求具有明显区别于其他人的地方，成为独一无二的需求。

为什么唯一会有这么重要的影响？我用消费社会学

中的一个重要结论"商品符号化"来解释。

商品符号化是说商品的生产就是符号的生产。通过唯一定制，让商品烙上个性化的印记，使客户的产品、服务、解决方案体现客户自身的行业背景、经济能力、社会地位，让客户产生优于别人的感觉。

就像现在的职业装，有的公司可以做到上门量体定制一样，你不仅仅可以在上百种面料和款式中，任意挑选和组合，甚至还可以在袖口和衣服内衬进行专属姓名刺绣。这一系列的个性化定制操作，让很多职场人士趋之若鹜。

同质化泛滥的今天，个性化、差异化就是最好、最直接影响客户购买决策的方法，也是有效区隔竞争与壁垒优势的最优选项。在客户需求的个性化应用中，也要注意以下两点：

1.定制的解决方案，一定是全开放的，没有任何的限制。也就是说，不是给你定制或者给他定制，就像上面我们提到的职业装定制，是完全开放的。

2.定制的解决方案，需要实现完全排他。也就是说A客户的方案，有明显区别于B客户的地方。就拿职业装定制来说，几百种面料几百种款式任意组合，你在职场中绝对不会出现撞衫的尴尬，就凭这一点，就可以收割无数订单。

第四个催化技巧：客户需求的明确化，可以用数字表达出来。就是你能明确地告诉客户，问题解决后，客户到底能得到多少好处。

商业的本质是趋利避害，趋利避害的标准就是数字。笼统评价你的产品、服务和解决方案的时代已经过去。客户真正关心的是你带给他们可以迅速量化的数字。

以米其林这家百年老店对销售人员的要求为例。每一次提供给客户的销售建议和解决方案，都必须用随身的 A4 纸工整地写好，并且在方案结尾的部分清晰地写明，会带给客户的具体收益。醒目的数字，会催化客户的需求迅速变现，成为订单。

在应用明确化的数据进行购买决策时，我必须提醒你：

1. 背景数据必须是严谨可信的，一旦客户知道你渲染了数据，客户就会全盘否定你。

2. 预估数据一定是可实现的最佳数据。

3. 请大家用手书写或者将你的解决方案打印出来，并将关键数据用蓝色、绿色的笔进行字体突出或背景突出，郑重地交付给你的客户。这些细节严谨的行为会增加客户对你的好感。

掌握这些技巧，让
订单轻松成交

⊙ 观察力：3 个读心技巧，告诉你客户都在想什么

两年前，我陪同一位飞机维修保养工具的销售人员拜访客户。他走进维修车间，几经辗转找到车间技术总监并说明来意，并非常积极热情地进行了品牌介绍，还问到了客户现在使用的一些维修工具的品牌和型号，年消耗量及采购金额。

两人在一问一答中，沟通气氛还算融洽，销售员为了更有针对性地进行产品推荐，还问道："现在工具使用和保养中的故障及问题都有哪些？"

那位总监抬手一指，顺着他手指的方向看到，在车间中部的墙上，赫然写着三个大字：工具区。随后他很有分寸地说："红色工具车里的，是已经坏掉和等待维修的工具，你们自己先看吧，我就不陪着了。"说罢转身离开，销售兴冲冲地走到工具区，一通的故障检查、分类、汇总整理后信心满满地说道："我们产品的故障率，比现在这家工厂的情况要低得多，拿下订单十拿九稳。"

但接下来的事情就尴尬了。我们再去找那位总监时却遍寻不到，电话不接，微信也不回。眼看太阳落山，到了下班时间，我俩只能败兴而归。

在随后的销售复盘中，我问销售员："你怎么评估这次销售中发生的事情呢？"他说："这次是输在了观察上，如果在销售开始前，走进客户车间的时候，就先有意识地观察到工具区，观察到工具区的故障工具，那么在销售推荐时也不会显得那么业余，还去问客户的需求与痛点，拜访也不会被中断，落得个无疾而终。"

案例讲到这儿，你一定会唏嘘销售员在这次拜访中少了一双慧眼，也会反思自己之前在销售中因为眼睛不够尖而错失的单子。

的确，我们在销售训练中无数次提醒自己，深挖客户的痛点和痒点，却忽视了客户的需求。

销售的这双慧眼就是你的观察力，它是指你在销售过程中，通过有计划和有目的的观察，发现客户现状的真实信息，并分析出原因的能力。

这里面我必须要帮你认清的是，观察力不仅仅是我们看到了什么，还有我们根据看到的进行分析和加工的能力。你可能会问：观察就这么重要吗？我的回答是肯定的。

1. 观察是你有效获得客户信息的方法。

这些观察得来的信息会让你对客户有一个基本的轮

廓认识，佐证你获得客户信息的真实性。比如，你看到客户前台的来访人员登记表根本就无人填写，也无人过问，这时，你能想到什么呢？是管理松散，还是在应用更先进的身份信息＋二维码访客识别系统？

2. 观察可以辅助你了解客户的需求信息。

这些信息会让你对客户的需求有基本的方向判断，为销售成交开路。比如，一家运输企业，还在用打电话询问、发微信确认的方式来管理运输车辆的路线和位置。这时，你是不是觉得这家企业缺少一整套 GPS 管理方案呢？

3. 观察可以辅助检测客户产品、服务、解决方案的反馈，这些观察得来的信息会让你实时掌控谈话的气氛、内容、节奏，可以为你的方案成为客户的必选方案奠定基础。

比如，当你说到方案，客户点头时，你的身体应该微微前倾。当你说到价格时，客户却用手拉了自己耳朵几下，这些信号，都需要你用一双慧眼来识别。

有一双慧眼，是成为一个"爆单王"必备的条件，除了你的好奇心，有计划地训练自己的眼力之外，你还需要借助科学的心理学效应和观察技巧，让自己远离那些迷惑的假象，把观察到的客观信息过滤、筛选和加工，才能成为销售战场上的"爆单王"。

那该怎么去提高我们的观察力，读懂客户在想什么呢？

接下来我们就从"确认客户—引导客户—赢得客户"的这个完整的销售过程，运用 3 种不同的读心术读懂客户在想什么。

它们分别是确认客户阶段的双因辅助法则、引导客户阶段的 010 法则和赢取客户阶段的 SOLER 法则。

双因辅助法则

什么是首因效应呢？它也叫首次效应，指交往双方形成的第一印象，对今后交往关系的影响。

我们对客户的第一次观察，在确认客户阶段，观察时间、观察内容都十分有限，很容易受首因效应影响形成"以貌取人"的偏见，这种偏见会严重影响未来引导客户阶段的销售重点。

近因效应是指人们认识一系列事物时对末尾部分项目的记忆效果，优于中间部分项目的现象。你可能很好奇，近因效应对我们确认客户的观察，有什么影响呢？影响很大，客户在送别你时展露的笑脸会让你觉得这单有戏；客户看到产品手册后皱眉，会让你觉得这单没谱；等等，这些都是近因效应给你制造的以偏概全的错误的观察结论。

　　确认客户阶段读懂客户在想什么，双因法则是很好的工具。使用好这个工具，就必须做好这两点：

　　1.锁定观察范围，思考成因，绝不轻易下结论。

　　你的观察，要扩大范围，去更多更广地观察，并分析原因。比如，平常客户在和你的销售沟通中，都是一副气定神闲、成竹在胸的表情，今天却显得格外忙乱。这时就要你通过更大范围的观察来分析诱因，包括：是不是其他人也在忙着准备会议，是不是原料马上进场，是不是成品下线即将交付，还是即将财务结算，他在汇总数据，等等。这些大范围的观察内容和背后的原因，将成为你读懂客户的有力证据。

　　2.锁定观察内容，探寻真相。客户的一言一行和表情动作，要照单全收。举个例子，当你走进客户厂区和车间看到井然有序的生产景象，而采购却忙得四脚朝天。这种巨大的反差，真相是什么，是你要用接下来的拜访解决的，而不是片面地觉得采购非常忙碌，肯定会向你采购大订单。

010 法则

把确认客户阶段的观察范围和观察内容锁定后，接下来，你要从对人的观察和物的观察两个方面的 10 个目标中读懂客户。你观察到的所有信息，将直击客户内心，这些都是客户想隐藏却隐藏不了的，下面我先分享给你针对物的 5 个观察目标：

1. 环境观察。我们可以迅速判断客户的行业地位和经济实力，成熟的大公司都在产业集中区、CBD 办公。

2. 门面观察。门面不仅仅是形象，也是实力的一种体现，中外企业无一例外。

3. 架构观察。组织结构图可以帮你迅速锁定拜访目标，他的姓名、性别和职位。举个例子，在一次培训中，我就问学员，谁能清晰画出自己客户的组织架构图。有一位学员举手说手机里都有照片。我就问他从哪里找到的。他回答一般官网上都有，同时很多企业甚至部门，都有自己的架构图，上下级关系和职位。

4. 制度观察。职位称呼叫不错，会显得你在客户身上用了心。企业会把管理制度上墙，从中你可以迅速发现持续的、阶段性的客户管理重点。你可能会疑惑，我是做销售的，观察客户的制度有什么用？举个例子，在消防产品的销售中，有个全行业共同遵循的客户标准，即公司内安全制度没有上墙，也没有针对防火悬挂警示标志，那么这样的客户就不是一个值得长周期开发的高潜客户。所以，观察客户的制度里写了什么，挂在哪，未来都会成为你读取客户真实情况的有力证据。

5. 财报观察。看财报，不应只是上市企业该搞的工作，中小企业利用一些软件也可以，财报是经营现状的反馈。不需要专业分析，但是要能看出这家公司现在大致的运营情况。比如，客户的营业收入和行业排名，你就能得出客户经营管理的水平。

我们再来看5个针对人的观察目标：

1. 衣着观察。是刻板的衬衣领带，标准化的工装，还是职业休闲装。客户衣着的风格，决定了彼此未来的沟通风格。

2. 举止观察。每个企业都有自己独特的行为处事的特点，这些特点体现在每个人行为举止的细节当中。比如，国企就很讲上下级的规矩，称呼也很严肃，反而民企和外企，直呼其名就显得亲切。

3. 表情观察。人在紧张时表情是僵硬的，放松的时候，面部表情丰富。客户的面部表情，是最不会撒谎的，就算不苟言笑，也能从他的眼神中读出内容。

4.迎送观察。迎来送往，是谁来接谁来送，是相见恨晚还是如释重负，都反映出客户对你的接受度。

5.效率观察。客户日常的工作习惯，就是效率的体现。

从物的观察、人的观察两个方向引导出的 10 个目标观察法，完全可以帮助你掌握在引导客户阶段的所有客户的真实心理。但是，随着我们与客户关系的深入，就需要你有更加犀利的眼神，来读懂如何在赢取客户阶段抓住客户真实的内心了。

SOLER 法则

SOLER 分别代表的英文单词是 Seat—体态位置；Open—开放程度；Lean—身体倾斜；Eye—眼神交流；Relax—放松状态。

首先我们来看 S—体态位置：客户面对你的正常站立姿势应该是双腿自然分开，表示稳定和自信，如果双脚前后站立且不自觉地移动，则代表客户在抗拒和躲避你。那你就要反思下自己是否有做得不到位的地方。

O—开放程度：如果客户双手自然垂放，表示接纳你，如果单手抱胸，表示怀疑和思考；如果双手抱胸，表示他在保护自己不被伤害，这是人的本能反应。

L—身体倾斜：当客户被你的产品服务和解决方案吸引时，身体会不自觉地前倾；当客户怀疑时，身体会后仰并寻求支撑；当客户的身体左右晃动时，那就表示已经十分不耐烦了，你要快速调整你的沟通重点。

E—眼神交流：眼睛是心灵的窗户，善于观察的人总是能从眼神中看出对方内心的变化：正视，是鼓励你敢于表达你想表达的内容；凝视，是在期待你下面的内容；斜视，表示怀疑你说的一些观点。当你观察到客户眼神游离，不知道在看什么的时候，你就要调整话题了，重新让客户回到正视、凝视的轨道上来。

R—放松状态：客户的紧张是因为对未知的恐惧，体现在客户会不断追问来意，逼问价格，双眉紧锁或者坐立不安。观察到这些行为时，你就需要好好地准备如何提高自己的说服力了。

读心术不是通过你观察到的客户信息来套路你的客户，而是让观察到的信息，为你接下来的倾听、提问、说服、谈判、资源使用提供强有力的信息保证和话题储备，为你赢单奠定基础。观察是方法，是可以将你看到的内容思考和分析有效转化的销售行动指南。

⊙ 倾听力：厘清复杂人性，让客户不再犹豫

　　我刚刚加入销售大军的时候，接受了很多训练，这些训练要我拿出野狼般的劲头冲向客户，用气势让客户"投降"。当时虽然勇气可嘉，但是客户却退避三舍，像遇见了病毒一样躲着我。

　　我曾一度怀疑自己是不是入错了行。在不断地摔打中，我开始尝试用专业度去影响客户，在销售业绩的压力下，不停奔波在说服客户的路上，口齿伶俐地不断给客户摆事实、讲道理，希望用价格比较和价值优势来俘获客户芳心。尽管口若悬河，但是客户却只是为我的口

才点赞，并不为销售签单。最终我只能无奈地感慨：客户的心似海深。

是什么导致我们要经历那么多销售中的怀疑和无奈？

首先，我们都犯了每个销售都会犯的错误，让主观性控制了我们的大脑和行为，就是我们主观地臆断，我们卖的，一定是客户需要的，一定是客户想买的。

其次，我们从没有思考过，销售是一种高级的人际沟通活动，我们片面地做好了如何说，却完全忽视了要怎么听。

最重要的是，我们没有在和客户的沟通中，给予客户说话的机会。我们不知道客户犹豫和怀疑的真实原因，还以为是自己的推荐不给力，如此恶性循环，最终丢客户、丢单就成了家常便饭。

不可否认，结构清晰和充满激情的产品介绍，能让客户快速地、全面地了解你的和产品。可是，你是否想过，销售作为一个高级的人际交流活动，如果只是你一门心思地滔滔不绝和凭借所谓的经验说服客户，而客户却面无表情，只字未提，那么一个原本的人际交流活动，就生生地被你搞成了独角戏，你也永远成不了帮客户提升业绩的那个伙伴。

要想让客户下单变得水到渠成，你就必须借助心理技巧并创造机会，给客户创造说话的环境。客户需求，就像一座漂浮在水面上的冰山，冰山最上面是显性的利益，比如产品、价格、质量等，这些是非常轻松就能看到的客户购买动机。

实际上，这只是冰山的一角。还有深藏在水下我们看不到的隐性原因，也是真正影响客户购买与否的决定因素。

那如何打破客户犹豫之锁，击破冰山，让真实需求浮出水面，让客户不再犹豫呢？

接下来，我就为你分享 3 把钥匙来打开客户的犹豫之锁。这 3 把钥匙分别是：接受和认可、弗洛伊德口误、黄金静默法则。

首先，来看接受和认可。

想要被接受和认可是我们人类的天性。在和客户交流的过程中，他们对被接受和认可的感受标准不是你特别自我地和他说性价比，口若悬河地告诉他产品有多好，而是在销售沟通中，对他说的话给予耐心的倾听和肯定。不同的客户有着不同的动机，你一味地和客户滔滔不绝地讲道理，却忽略了他的真实需求和动机，客户自然不会觉得自己被接受和认可。最终，尽管你赢了口才，却输了订单。

怎么让客户觉得自己被接受和认可呢？你需要做好这两点：

1. 从客户认同的话题开场，让客户倾诉他认同的社会标准。举个例子，客户对产品性价比不满意，你就要听听客户对性价比的评价，这些评价会告诉你，他真正担心的不是价格，而是性价比的不匹配。

2. 从客户感兴趣的话题入手，了解客户的需求是什么。在客户大谈特谈他关心的产品内容时，你会发现更多的成交信息，原本主动出击的销售人员，其实也可以成为客户购买决策的参谋。

下面是个真实的故事，从中你就会发现当客户被接受和认可时，成交也随之变得简单了：

家电卖场，一对 60 多岁的老夫妻在选购冰箱，销售员没有介绍产品的规格型号，没有介绍价格和促销活动，没有介绍品牌影响力，而是不厌其烦地帮助这对老夫妻反复模拟怎么储存新鲜的食物和处理剩饭，啤酒饮料放哪儿，熟食、沙拉如何保鲜，甚至帮助这对老夫妻分析米面油这些必备食材储存和保鲜的有效方法。他还邀请老夫妻坐下来聊起了家长里短。老夫妻开始抱怨，每次周末准备好饭菜等孩子们回来，可往往等来的却是孩子加班的电话。

如果什么都不准备，孩子突然回来，老夫妻又会措手不及。所以他们准备换一台保鲜时间更长的冰箱。我请教了那位销售员，为什么一开始不去介绍产品功能，而讲应用；为什么不谈价格，而是唠家常？他告诉我：

"第一，客户买东西，推荐往往不是第一要素，第一要素是我必须接受他们的犹豫和怀疑，他们提出的问题越多，我成交的希望就越大。

"第二，给客户讲参数、讲功能，他们不一定记得住，也不一定能理解，他们更感兴趣的是在生活场景中怎么用好这个冰箱。听他们讲讲使用的要求，然后我再匹配功能，那时，销售就容易很多。

"第三，我越是耐心听他们喋喋不休，他们就越不把我当外人，我就是他们最靠谱的参谋。到时，我说啥，他们都不会觉得有问题了。"

　　听他讲完，我也收获颇多。其实，很多销售人员成功的诀窍就是鼓励客户多说，因为客户说得多了，客户需求的反馈信息就更加丰富。因此销售员听得越多，就越了解客户，这样会大大增加销售成功的概率。

　　心理学大师弗洛伊德说："如果你能让对方谈得足够多，那么你了解得也就越多。"

　　如果你认同了这个说法，你只完成了"听"这个原始动作。接下来我们共同用"弗洛伊德口误"来解除客户的犹豫之锁。

　　什么是弗洛伊德口误呢？我来给你解释一下，它是指人们在滔滔不绝的高谈阔论中，很容易将潜意识的真实想法不经意地脱口而出。就像卖家具的销售员，经常会引导客户去描绘一个温馨的家是什么样子的，当客户从客厅到厨房、从窗帘颜色到地板材质讲下来，客户就把自己的审美标准、颜色喜好、材料质地的标准无意间表露了出来。

如何去激发客户的倾诉欲望呢？怎么做才能让弗洛伊德口误自然而然地发生呢？显然，你只认真听是不够的，我给你3个建议：

1.请从姿态上与客户保持一致。如果坐着，请面对客户；如果在行进间，请位于客户身侧。因为人们容易对与自己有相同行为习惯的人产生好感，做好这一点，是初级阶段。

2.请用肢体语言和客户积极互动。如果你还不习惯直视客户，那不妨看着客户的双眉之间，恰当使用肢体语言，如微笑、点头等。

3.请用语言给予客户回应。比如赞美客户的选择，肯定客户的判断，我把它比作用情倾听，你和客户的信息交换就完全地实现了同频。

原来客户的怀疑、顾虑不需要你死缠烂打和心机套路，只要让客户说就好了。

很多销售人员将用耳倾听、用心倾听应用得很好，但是用情倾听，始终和客户保持同频共轨的信息交换，就有些难了。因为在肯定了客户的选择和判断后，客户一旦不开口，不继续说他们的真实想法，这个沟通就有可能虎头蛇尾。

如果你也有这样的困惑，接下来我就给你解决"尬聊"难题的第三把钥匙：黄金静默法则。

黄金静默是利用提问后就沉默的方法，刺激和激发对方思考，鼓励对方将沟通信息补充完善。

第一个黄金静默模板：请客户重复，然后迅速沉默。

举个例子。销售人员说："我没有太理解您刚才的意思。"你的沉默，会引起客户的思考，并重新调整语言结构和重点内容。你会发现，客户重复的信息中，会透露更多隐藏的顾虑和犹豫。

第二个黄金静默模板：请客户进行补充，然后迅速沉默。

举个例子。销售人员说："我好像遗漏了什么，您帮我再梳理下？"说到这儿你可以保持一会儿沉默，客户会思考并重新进行重点内容的澄清和重复。而你发现他的真实顾虑和怀疑也就不难了。

每一个销售人员的入门功课就是如何打破沉默，和客户建立良好关系。销售的重心不是你在卖什么，而是你能帮客户买到什么。引爆你销售订单的不是你说得慷慨激昂，而是你用倾听的方式走进客户真实的内心世界，找准了客户的真实需求。

⊙ 4 大提问模板：如何问到点子上，客户才会下单？

不久前，我去一家电脑专卖店买笔记本电脑，销售人员热情地给我讲产品如何好，哪些优越的性能其他品牌根本无法与之相提并论，并且还有限时促销。看到我不为所动，销售人员急切地问我："您今天是想看看还是想买呢？"听到她这么问我，我心里嘀咕"我不买电脑，来你这干吗"。

可能很多人会为这位销售人员打抱不平，销售人员问这句话的目的只是想了解顾客准确的购买时间，从而确定在不同的时间提供怎样的服务和价格优惠。可是在我听来，这句话好像有点不耐烦的意思，像是在传递：如果你不买就别浪费我的时间。

换位思考一下，如果销售人员考虑到我买电脑时的心情和感受，换一种提问的方式会不会好一点："先生，您今天不买没关系，可以先体验下，等到购买时，您心里就有谱儿了。"

这就是提问的艺术。是否能循序渐进地问到客户购买的点子上，直击客户痛点，决定着客户是不是能立马与你签单。

你可能会问：不同的行业，不同的销售场景，学会提问，就能让客户立马下单吗？

第一，销售是一个与人打交道的人际活动，而你要将自己的产品、服务和解决方案卖给客户，这就需要你时时掌控客户的购买动机。

第二，如何掌握客户的购买动机？除了观察和倾听之外，最有效的方法就是提问。

第三，提问，也有在不同的销售阶段情境下的应用技巧和原则。

客户真实的购买原因，是在你的提问和客户回答中完成的，你对客户提出什么样的问题，他们的注意力就会集中在什么样的问题上，从而影响到他们的思考和感受，所以你必须拥有提出好问题的能力。

精准提问贯穿整个成交流程。针对成交的关键环节，有开放式提问和封闭式提问这两种提问方式，我为你总结了 4 个逐渐深入的提问模版，为你全面打造提问力。

首先，我们看看开放式提问和封闭式提问的区别。所谓开放式提问，就是不限制客户回答问题的答案，而完全让客户根据自己的喜好，围绕谈话主题自由发挥。

封闭式就限定了客户的答案，客户只能在有限的答案中进行选择，比如"您是不是觉得和大公司合作比较可靠？""我能否留下产品的相关资料？"等等。对于这些问题，客户通常只能回答"是""不是""对""错""有"或者"没有"等简短的答案。

接下来我们就应用这两种提问技巧，让你的提问循序渐进地展开。先给你暖场提问模板。

暖场提问模板

在客户厂区、车间、办公区域，大家很忙碌，就可以问"是什么项目让你们这么紧张忙碌呢？"

根据兴趣提问

你对购买职业装的人可以问"什么工作环境下，你会穿正装"这样的问题，迅速与客户的应用场景建立联系，打破陌生感。

根据拜访对象的业务类型提问

你的客户是仓储行业，你就可以问"我们行业的下游客户主要有哪些"这样的问题。客户会觉得，你是站在他的立场进行思考和行动的。

在暖场类的提问模板中，这3个问题，是你最容易上手的标准模板，而且全是开放式的问题。那些经验丰富的销售，还善于从一些社会热点话题，从彼此上次会谈后的经历心得，从家长里短的话题上进行暖场，这些都将有助于你建立以客户为中心的提问情境。同时，我也给你两点建议：

1.暖场提问中，问题不要超过3个，客户都不喜欢连珠炮似的发问，问题过多反而会引起客户厌烦，你要学会适可而止。

2.切记不要用封闭的问题。这样做，客户不仅会感到很被动，推销人员也只能从客户的答案中得到极其有限的信息。试想下：如果销售人员问客户："您一定需要一套高效的仓储管理系统吧？"客户的回答就只剩下"是"。这样的聊天，你岂不是既尴尬，又无法获得客户更多的购买需求吗？

确认提问模板

顾名思义，是你在与客户的交流中，需要确认购买信息真实有效的提问。你的提问必须简短、有力，并且这些问题主要的目的是确认客户购买的事实。你的提问方式就必须是封闭的。你可以借助锚定提问和排他提问，掌握销售先机。

锚定提问，就是要确认客户希望通过你的产品和服务，来改变什么现状。比如问客户："您一定是希望通过升级管理系统，提高整体仓储效率吧？"这样问，你可以精准锚定客户的需求是升级管理系统。整个沟通主题就不会跑偏。

排他提问，就是通过提问，让你的解决方案成为最佳方案。比如你问客户："看来提高我们整体的仓储效率，升级管理系统是最好的办法了，是吗？"这样，客户就会思考和补充，提高仓储效率的解决方案的完整性。

总结一下，确认类提问，是你通过提问，尽快、准确、全面掌握客户信息的过程。

现状提问模板

就是通过你的提问让客户真实地思考和反映他现在的"痛"与"不痛"。客户的痛点，就是你的销售机会，客户问题真实暴露出来，我们才能对症下药。这时，你就必须用开放性的提问，从工作现状和个人现状两个方面让客户畅所欲言。

从工作的现状问问题，可以让你更多地获取客户对于现状的不满和失望。比如，你问客户："是什么在影响我们的仓储效率呢？"客户的话匣子瞬间就会被你打开，让一大堆的问题脱口而出。这时，你就可以快速地梳理影响仓储效率的若干问题，并且思考匹配的解决方案。

从个人的现状问问题，是很多销售人员最容易忽略掉的。因为大家更关注产品与服务对客户问题的解决，往往容易遗漏对当事人的影响。所以，一定要弄清当事人的"痛"。

比如，你问客户："我们的仓储效率不高，都给您的工作带来了哪些不便呢？"客户在你的提问下，往往会吐槽自己的不如意、不顺心和不开心的地方。

既然问到了客户有哪些工作当中的问题和个人在执行中的困扰，接下来，你的提问依旧不能停，为什么呢？

因为，你要让客户下单，就不能简单地让客户吐槽、抱怨一番了事，你还要让他们帮你描绘他们渴望实现的蓝图和愿景，成功的销售不是卖什么给客户，而是帮助客户买到什么。

期望模板问题

就是要问清客户期待未来实现什么样的目标。这时，依旧需要开放性提问，因为完整地获得客户现状信息，等于激发了客户的痛点，然后再通过期望类问题，让客户感受到解决问题的爽点，可以提高成交的概率。让客户畅所欲言，这是你成交前最后一次匹配产品与服务的机会。

从工作期望问问题，你可以迅速掌握企业和组织渴望实现的目标。"提升仓储效率，能给我们的生产管理带来哪些收益呢？" 这时，你的问题会让客户从企业内部全面地梳理他们渴望实现的收益，你也能从中有效地掌握客户的成交底线。

问工作期望问题的同时，也要关注个人的期望。因为，购买需求的产生和决策，都是由人来完成的。比如我们问执行者"仓储效率提升后，对您的工作都有哪些积极的帮助呢？"这时执行者能更加具体地帮你梳理出未来，仓储效率变化后，对他个人工作业绩的推动和影响，这是客户下单的原动力。

知道问问题并不重要，重要的是，要学会如何去问问题。不要为了显示自己的专业，去给你的客户设置太难的问题，客户有可能觉得你是在有意刁难。越是让人轻松回答的问题，越有助于培养你们之间聊天的氛围，很多客户都是在轻松的氛围中被打动的。掌握好上面我教给你的 4 大提问模板，你的提问就能句句在点儿上，客户下单也就水到渠成了。

⊙ 掌握 4 种心理，让客户只认你的产品

　　你有没有遇到过这样的困惑，客户痛点挖得很深，很到位，产品、服务、解决方案呈现得也算完美，但多数客户依旧不为所动？

　　客户迟迟不做决定，你一定在纠结，为什么手舞足蹈的产品介绍客户不接招？为什么摆事实讲道理的客户痛点直击不奏效？

　　难道是产品介绍还不够全面，还是客户的痛点挖得不深？这时，你就开始怀疑公司、怀疑产品、怀疑套路是不是出了什么漏洞，甚至怀疑人生。

说服力是你在销售过程中运用正确的人际心理，影响客户做出购买决策的能力。有调查表明90%的客户拒绝，都来自销售人员的说服力不足。你滔滔不绝地演绎产品的优势、好处，可是客户却岿然不动，这其实是"损失厌恶心理"在作祟。

损失厌恶心理，是客户在做购买决策时，担心和恐惧他的签单带来的损失要远远高于带给他的好处。

这就好比，一个净水器销售人员热情地告诉客户，他们的净水器终身质保。可是客户却在心里嘀咕："终身质保？都是套路，你哪天倒闭了，我找谁去。"

既然客户拒绝的真实动因出现在心理上，那么我们的说服力也要从心理上去解决，正所谓"心病还要心药治"。从心理上，运用正确的、积极的人际心理，去说服客户，影响和帮助客户最终做出购买决策，让客户只认你的产品。你只需要运用好，下面的4种心理力量就OK了。

社会认同心理

就是客户会根据多数人的意见，尤其是在客户对信息了解不充分、情况模糊、事态紧急的情形下，判断购买行为是否正确。客户如果看到多数人都做出了选择和决策，他们就会断定这样做是有道理的，是正确的。

他们这样做的主要原因是：1.对于购买的产品没有充足的时间去进行决策分析；2.选择大多数人选择过的产品和服务，风险相对较小。

如何做，才能在销售中用好社会认同心理？

1.多使用数字、统计资料、使用者推荐信函。这样做，证明已经有很多人正在使用这种产品，金杯银杯，不如使用者的口碑。

2.对使用客户进行分类。比方说，IT女性和卡车司机所属行业不同，就不会因为这种社会认同影响她的购买行为。但是 IT 女性对于其他女性律师、会计师、医生们都爱用的产品会产生好奇和关注。所以同类的认同很重要。

3. 快速地整理一张现有客户名单。如果你从事的行业允许你把交易过的客户制成一份客户名单，快速行动吧。这就是口碑的重要性，它就是无声的说服力。

对比心理

是指如果客户有 A 和 B 两个选择， A 和 B 优劣势旗鼓相当，客户就很难做出选择。假如销售人员能明显地呈现出 B 的优势大于 A，那么客户就很容易做出选择 B 的购买决定。

在销售实践中，那些经验丰富的老销售们在介绍两种产品时，他们往往会把重要的和关键的产品放在后面介绍。

我就遇到过这样一位汽车销售员，他带客户去看车，首先看的车，一定是最近优惠幅度不大和促销礼包小的车型。这时，客户会很自然地觉得不合适，想说服客户就很难，然后他带客户看另外一款促销和优惠力度比较大的车型，这样比较起来第二辆车就显得便宜得多。

在销售同品牌产品的情况下，你可以多做对比，把你最想卖的放在最后。

相同品牌我们可以用对比心理说服客户，那么针对竞争对手的产品，对比原理也适用吗？是的，运用对比心理你的说服力就一定能脱颖而出，你可以参考我给你的这点建议：

竞品找差异，寻找你的产品和竞品之间的差距。价格相当对比性能，性能相当对比服务，服务相当对比售后。总之，总要找出强于竞品的地方。俗话说"不怕不识货就怕货比货"，利用对比心理说服客户，客户会明显地产生"我的选择是明智的"这样的心理感受。

承诺一致心理

是指客户一旦做出了购买选择或采取了购买评估，就会立刻碰到来自内心和外部的压力，急于证明产品与承诺一致的心理。在这样的心理影响下，客户会想方设法地以行动证明自己先前的决定是正确的。

举个例子：做汽车销售的都有这样一个百试不爽的套路：

首先，会给某些客户非常优惠的价格，比如某款车的价格比竞争对手低 3000 元，推动和诱惑潜在客户决定在本店买车。

然后，一旦客户做了决定，销售人员就会采取一系列方法，培养客户的个人承诺感，像填写大堆购车表、安排贷款条件、鼓励客户进行试乘试驾等，让客户感觉这车物有所值。

最后，你可以找合适的理由或者借口说服客户购买保险和延保服务，零配件和装具。实际上到最终交易的时候价格并没有便宜 3000 元，可客户十有八九都会被承诺一致心理影响，接受各种附加的条款。

承诺一致心理在销售说服中，不同行业的高手们总是能演绎出各种花式，让客户在购买选择上，欲罢不能。在应用中，你必须要做好两点：

1. 让客户认可和接收的信息一定要是真实的。就拿上面汽车销售的例子来说，汽车的车型信息和优惠信息，一定是真实可靠的，否则客户会产生上当的感觉。

2. 说服的过程一定是循序渐进的，先让客户接受车型和接受优惠，然后再展开其他的说服动作。

做好这两点，你就可以借助承诺一致心理，时时将说服力的主动权牢牢掌握在自己手中，而不是被客户牵着鼻子走。

喜好心理

客户跟我们一样，也是更容易答应自己认识和喜爱的人所提出的要求。所以销售人员，要先让客户喜欢你、信任你，再去进行销售层面的说服、引导和影响，才能顺理成章、水到渠成。

给大家分享个小故事，从故事中你能理解喜好心理的巨大作用。台塑集团是台湾数一数二的企业，与台塑集团企业有着存亡与共关系的下游加工厂超过 1500 家。台塑创始人王永庆在创业伊始，走家串巷卖米。他很有心，穿着干净，还带着抹布。不管客户买多少米，他总是帮客户先将米缸擦干净，才将米倒入米缸。如果客户家有旧米，他总是先将旧米倒出，将新米放在底层，旧米放在上面，并提醒客户先吃旧米。同时，王永庆还将所有客户买米的周期进行了统计，定期送货上门。王永庆专业、务实、贴心的服务，迅速获得客户的好感，使嘉义人都知道在米市马路尽头的巷子里，有一个卖好米并送货上门的王永庆，并争相成为他的客户，慢慢造就了今天的"台塑帝国"。

⊙ 谈判力：掌握和客户谈价格的主动权

　　每次和学员们分享"销售谈判"这个主题的时候，学员们都会向我抱怨："家驹老师，销售谈判太艰苦，现在是买方市场，啥事客户说了算。尽管我做出巨大让步，客户却始终不领情，以为只要拼命挤压我，他就能获得好条件。最终，不仅我无利可图，客户还觉得自己杀得不够狠，吃了大亏。"

　　你眼中的销售谈判应该是什么样子？有人说是坚守底线，不能被客户牵着鼻子走，始终掌握谈判主动权。也有人说，要因人而异，最终的谈判结果大家都满意，才能实现双赢。

这不禁让我想到了一个很有意思的谈判故事：两个人面前有一个橘子，他们都想独占。于是这哥俩儿就开始了谈判，争得面红耳赤，但都无法说服对方，于是双方最终决定把橘子分成两半。

分橘子结束很久以后，他们交流自己最初想获得那个橘子的目的，原来其中一个人是想榨橘子汁，而另外一个人却想要橘子皮来做蛋糕。

故事很经典，这两个人都想赢，他们原本希望通过一次谈判让对方屈服。这个阶段，他们谈的目标就是满足"我想要"，他们谈判的过程，其实就是一个利益被重新分配、被重新组合的过程。

所以，我把销售谈判定义为在销售实践中为了实现自己最大化的销售目标而进行的多回合利益交换的高级人际交流活动。这其中的 3 个关键词就是：销售目标、利益交换和人际交流活动。

首先，我们来看销售目标。就是用最小的谈判代价，换取最大的谈判收获。客户希望物美价廉，销售希望价格坚挺，越高越好。

接下来，是利益交换。凡是客户，他们无一例外想用尽量小的付出，换取你良好的产品、服务和解决方案。因为通过谈判得来的每一次价格的降低，每一个额外的条件、附加的价值，都是净利润。

说到销售谈判中和客户的针锋相对，就不得不提到销售谈判的第三个关键词：人际交流活动。影响销售谈判进程和结果的因素很多，其中就包括你的价格、条件、价值、谈判风格，甚至谈判环境等因素。但总有那么一部分销售谈判高手，在与客户谈笑间，既能掌握谈判主动权、坚守谈判底线，还能主导谈判进程。

为什么那些谈判高手们看似没什么气场，却总能掌握主动权？

　　这都是因为他们在销售谈判中很好地运用了人际交流的心理影响的有效表现。

　　接下来，我将从销售谈判的 4 个阶段——谈判前、谈判开局、谈判中场、谈判终局来加以论述。

　　我们先来看谈判前。这里我要分享的是 WIN 法则，分别是想要（Want）、信息（Information）、需要（Need），三个英文单词的首写字母。

　　想要（Want）：就是销售谈判中你想实现的目标。举个例子，我最近想卖掉自己的二手车。这台车，陪伴了我 3 年，我的理想价位是 6 万元，5.5 万元也能接受，最低不能低于 5 万元。最佳目标、接受目标、底线目标，是你在走上销售谈判桌前，必须准备好的，这与谈判经验和资历无关，你只有有备而来，才有可能满意而归。

　　信息（Information）：比如我想卖掉二手车，我就要从内部和外部获取信息，支持和保障我卖车的目标。首先，我要了解市场上相同品牌和型号二手车的平均价格，这样，客户会觉得我很在行而且报价比较靠谱。其次，我要对我的这台二手车的车况心里有数。

在销售谈判中，我们可以掌控自己，却无法选择客户，客户的谈判风格、谈判特点，甚至谈判角色因人而异，你必须学会见招拆招。在销售谈判中，都会遇到哪些类型的谈判者呢？

这就是我要说的 WIN 法则中的第三个单词需要（Need），里面包括 4 种谈判者类型：执行者、权力者、说服者、怀疑者。

执行者

就是销售谈判中的执行人，他们做事依照指令行事，通常会不软不硬地问你："行不行，能不能，卖不卖？"

权力者

他们是销售谈判的决策和决定人。这些人往往会扔下一句"你考虑吧，如果行，就这么办"，然后面无表情地转身离去。

说服者

通俗地讲，就是和你死缠烂打、讨价还价的人。

怀疑者

他们对什么都不放心，都觉得有问题，既质疑你卖的产品，又对你的报价嗤之以鼻。

这 4 种类型的谈判者，他们可能是组团来和你谈，也可能是同一个人在谈判的不同阶段，扮演着不同的角色。那接下来，我就从谈判展开的不同阶段和大家具体地分享，针对每个类型的谈判者该如何应对。

　　首先，你应该构建一个有态度的谈判开局，在这个阶段，我想分享两招。

大胆报价

　　我之所以建议大家去大胆报价，最明显的原因就是它可以让你有谈判空间。随着谈判的深入，你可以掌握主动，随时都有机会把价格降低。这里，还有一个你不知道的秘密。

　　再回到我出售二手车的那个例子，车况、里程和保养都不错，市场上同等车款的平均价格在4万，新车8万，那我一定会在8万元和4万元之间取一个价格，这辆二手车我的报价就是7.5万元。你可能觉得这个定价贵，但其中有一定的道理：

1.星巴克的依云矿泉水标准原价是不是比京东"双11"购物时贵？我想大家一定回答是的。这是我们的"锚定心理"在起作用，那什么是锚定心理呢？当人们需要对某个事件做定量估测时，会将某些特定数值作为起始值和标志物。

在销售谈判中，这个标志物可能是价格，也可能是打包的条件，任何人都知道，好货不便宜，便宜没好货。这时，我就给执行者释放一个"锚定"信号。

2.如果销售谈判开局就锚定好价格，我就可以在接下来的谈判过程中，有足够的空间谈判。这时，我就可以给说服者以讨价还价的机会了。

3.客户只要以低于7.5万元买走我的二手车，都会感觉是自己赢了这场谈判，获得满足感和胜利感。

在你销售谈判开局的阶段，不管是价格谈判、条件谈判还是价值谈判，请大家大胆地去应用这个方法。在应用这个方法的时候，请注意 3 点：

1.要熟悉和了解二手车市场的价格和你的车况，做到心中有数。否则，等到谈判的时候，你没有支撑 7.5 万元的理由，人家会觉得你不靠谱。

2.明确表示"宝贝转让，价格可谈"，让对方感觉你的 7.5 万元是有议价空间的。

3.请隐藏好你真实的诉求，不要让对方轻易了解。

大胆报价，可以让你未来的谈判富有空间和弹性，是你避免谈判进入僵局的唯一解决方案，同时也有效地运用锚定心理抑制住了客户无限制的期望。

不接受第一次还价

以二手车为例，当我报价 7.5 万元，谁都会觉得这个价格有空间。接下来，客户会扮演说服者的角色开

始还价。客户给我还价是 3.8 万元，比市场平均价还低
2000 元。这时，我就假装没听见他的还价。

而对面的客户陷入了思考。我知道，他在主动进行
一次深度的心理自检，这个自检也被称为"投射与认同
心理"。投射与认同心理，是指人们会以自我的行动来
投射他人的反应，而不是按照被观察者的真实情况和信
息进行的反应。

在自检过程中，直接产生两个影响你销售谈判结果
的关键信息：

1. 买方会自觉思考是否还价太狠了。

2. 买方会自觉评估：问题出在哪里了，是不是通过
加价可以促成成交。

客户还价被拒绝后自觉的思考和评估，是我们人类
的本能，无关年龄、职位、资历。对销售谈判而言，他
接下来的动作就是上调价格，尽量减少附加条件。

在紧张的争斗和冲突情形下，人们通常会竭力去保护自己，而不是采取建设性的行动。比如，当我的二手车要价 7.5 万元，如果不被客户接受，那我就应该考虑调整价格，直到彼此满意。或者在谈到某个价格点出现僵局时，我会考虑要不要送他一个洗车器或者其他附加品，打破僵局，缓和气氛。

谈判中场第一招：诉诸更高的权威。

销售谈判中，困难和僵局是常态，是你必须去面对的。出现僵局的根本原因是客户不接受对方的报价和条件，就好像我的二手车买家以怀疑者的姿态说："就算再好，也是二手的，我再给你加点，4.8 万元怎么样？"

客户 4.8 万元的价格距离我的目标差距很大，我就该怀疑客户不懂行情而放弃谈判吗？当然不是。那样就直接将谈判引入了对抗的深渊。我是这样说的："您觉得 4.8 万元，好吧，我要和家人商量一下。"

不论我是虚构了权威，还是家人真实与否，我们以卖方的身份分析：没有怒斥买方的信口开河，没有转身就走，而是让"权威"去打破谈判僵局。

什么是权威心理呢？它是指一个人要是地位高，有威信，受人敬重，那他所说的话及所做的事就容易引起别人重视，并让他们相信其正确性。这就是最有效的摆脱困局、挣脱纠缠的做法。因为：

1. 寻求更高权威，可以展示出你继续合作的意愿；

2. 寻求更高权威，避免了直接对抗；

3. 寻求更高权威，给予对手自检的时间。

谈判中场第二招：绝不主动折中。

销售谈判中，讨价还价是主旋律，围绕始终，因为彼此都有诉求。进入中局，避免不了会因为价格、条件而"打太极"。但是，请不要主动开口调整价格和条件，而是要牢牢地守好3个目标：最佳目标、接受目标、底线目标。因为：

1.我们对面的谈判对手渴望获得满足他们自己利益最大化的条件；

2.主动折中会暴露你最不想接受的目标；

3.一旦被对手掌握你的底线目标，谈判就失去了弹性和余地。

面对买我车的客户，我是这样说的："家人觉得这车保养得很好，和新车无异，4.8万元太少了，市场上你都找不到这样低的价格。调整一下吧，这样彼此都好接受。"

我的反馈直接释放出了两个信号：1.我没有明示我期望的成交价，调整价格的压力在买方。2.我没有拒绝交易，没有制造僵局。

无一例外，我们在价格和条件谈判中，都不由自主地说过一句自己可能都不信的话，"我不是磨磨唧唧的人，你直接告诉我底价吧"。这样说话的谈判对手，都是希望你能主动地折中，报出价格来。可千万不要中招。

当对手带着微笑问你："您希望，我们在什么基础上成交呢？"说到这儿，你可能就很关心，万一对手也不报价，怎么办呢？

作为销售谈判执行者的我们，总不能一直深陷在讨价还价的泥潭里，我们终究会达成一个彼此都满意的结果。

这时，谈判双方都需要让步。对了，你没听错，是让步。这也是我们谈判终局的第一招：让步决胜。

在让步中，赋予让步巨大能量的不是你降价多少和增加条件，也不是你的不断退缩和忍让，更不是你恪守规则，死板遵循，而是"在什么时间让，让给谁，以及让的节奏"。掌握下面我讲的这3点，你的让步，会让客户挑不出毛病。

1.开局不让、结局不让；

2.给执行者让小，肯定他的努力；给权力者让大，肯定他的权威；

3.让的节奏从权力者开始逐渐递减。

开始结束都不让步，我想大家都知道为什么：让买卖双方有足够的空间和弹性去坐下来谈。

大家一定还记得，前面我们在 WIN 法则中，Need 部分有关于执行者和权力者的介绍。

先来看执行者，他是每次都和你针锋相对的人。谈判关乎彼此的利益，给他小恩小惠的让步，肯定和赞美他的阶段成绩，否则与执行者的谈判就没有进展。

再回到我出售那辆二手车的故事中来。这次买方带着父母来了，我很坦诚地告诉买方："你带着家人来看车，就算交个朋友。这车，我从7.5万元多让些，就6万元吧。"

让步过程中的一个重要点叫付出回报心理。它是指我们在人际交往中得到回报的同时，也去试着主动付出。所以，当我让步时，我会试探性地问问买家："你能再让让吗？"

谈判高手们，不会聚焦在是不是制服了对手，而是给对手赢了的感受。这里给大家3点建议：

1. 没有失败的销售谈判，只有失败的准备，请用WIN法则准备好每一次。

2. 谈判关乎的是利益，不是立场，别动不动上火，理性是销售谈判的砝码。

3. 影响销售谈判结果的是你的机会成本和时间成本。最后，请耐心些，循序渐进地完成销售谈判全过程。

⊙ 资源力：细数你不可不用的 5 大资源

做销售的，谁不知道，有了销售资源，就有如如虎添翼。可是，我们都无一例外在销售资源的获取、应用上有被这几种现状折磨和摧残的经历：

1.销售资源，狼多肉少。公司总是把关键资源放在关键客户身上，其他客户就拒绝下单。

2.论资排辈。老销售不仅仅知道哪里有，还懂得怎么要，销售新人们只能唏嘘自己"道行"太浅。

3.老套的打折和送礼，客户早已熟悉，竞争对手也玩得花样百出，你不能玩出新高度，那粘住客户，引爆订单就是黄粱一梦。

既然销售资源至关重要，让人欲罢不能，那到底什么是销售资源呢？它是指在销售过程中为我们实现销售目标提供支撑和保障的人力资源、物资资源、财务资源和信息资源。

你会不会把销售资源简单理解为：价格折扣、买赠促销、账期支持呢？

举个例子，14年前，当时的很多轿车，甚至是奥迪轿车普遍都还使用手动挡。2007年，我邀请北京公交的客户去参加绿色交通展览会，北京公交的管理者和工程师们在展台上看到，外国的公交和卡车早已经普遍采用自动挡车型，而且维护费用很低，绿色节能十分高效，他们瞬间眼前一亮。这为北京公交一年后和米其林全面的合作，以及米其林与北京奥组委的合作奠定了里程碑式的基础。你看，展会上客户未曾了解的信息，就是我的销售信息资源。

还有哪些销售资源可以利用，成为我们销售的武器？接下来，我就教你从 6 个方面系统地打造你的销售资源矩阵。

首先，我们的第一个销售资源：价格和折扣。

这是最直接有效的，趋利避害就是商业的本质，而价格和促销是对客户最大的吸引。同时，还有你可能未曾想过的问题：

1.价格和折扣，是需要公司投入资金的，如果没有钱的支撑和保证，会给资源的持续时间和持续能力带来挑战。

2.价格和折扣能够拉动客户订单，一旦没有促销，销售人员靠什么资源来拿单？

3.价格和折扣能有效拉动订单，客户就等你促销、打折才下单。

价格和折扣这个资源，用好了，是促进成交的良药；用不好，就是杀死成交的毒药。

我曾经辅导过一个农机产品的销售，他在销售资源统筹使用方面很在行。2019年春天，我同他来到黑龙江的一个偏远的小县城，那里是水稻产区。我们找到当地最大的经销商，一番客户资料收集、产品演示后，我们从田间地头收集了大量竞品使用数据，以做到心中有数。

到了产品销售的环节，这家农机公司用的是全国统一零售价的策略，唯一的资源是，首单购买赠送一套配件。这个买赠政策毫无优势可言。有的客户被我们的努力和态度感动，勉强买了一台试用。我就问他："如此艰难的销售过程，销售的毛利也不高，下一步的客户开发和销售做何打算？"

他说："从价格上看，我们毫无优势。但是，我们的生产流水线是国际上最先进的，材料和设计也是最先进的，我打算请县城的经销商和农户们参观下我们工厂，让他们看看插秧机是如何生产出来的，让我们的制造优势、品质优势显现出来。"听完这哥们儿的分析，我不禁为他的想法点赞。

这也就是我要和你说的第二个资源：标杆参观。

聪明的销售人员很擅长用标杆参观、工厂参观的方法来影响客户的决策和购买。这个销售资源的使用，会对客户产生两个影响：

1. 我们讲，耳听为虚，眼见为实。标杆参观和工厂参观，能向客户直观地反映出企业的实力、制造水平和管理能力，这些远比你滔滔不绝的企业介绍和利益销售法来得实在和直接。

2. 你可以有效地利用牧群效应影响客户的购买决策。牧群效应，就是人们在决策和选择的过程中，喜欢依照多数人的选择行事，你带客户参观标杆也好，参观工厂也罢，就是在彰显实力和成功案例。只要安排的参观流程合理，客户被拿下是早晚的事。

在标杆参观的资源运用中，不能违背诚信的商业道德底线，否则客户会觉得你不靠谱。

第三个销售资源：培训辅导。

有 79% 的客户认为，销售人员首先要帮助他们提高行业趋势分析能力和管理能力。

你可以从行业专家的角度帮助客户。

你可能会担心自己入行不久，行业和专业能力还不足。没关系，咱们接着上面卖插秧机的那个案例，看看他是怎么做的。在参观了生产线和工厂后，那个县城的农机经销商算是和这家工厂的业务员建立了信任。但是，没有订单，公司的老板就让我再去帮帮这个业务员。当我来到经销商办公室，这个业务员正坐在老板桌上摆弄电脑。我就好奇地问他怎么没出去拜访客户。

他说："我是学计算机软件设计的，我想如果能从这方面帮助客户，在将来促单的过程中，能弥补我在行业上专业度还不够的短板。"

既然当下我们的业务人员专业度不高，那我们就将生产线的技术大牛请到台前充当客户的技术支持和顾问，这样一来：

1.请技术大牛走进一线，了解市场和产品，可以有效管控和改善产品设计和应用。

2.请技术大牛走进一线，与用户结对子，让用户在使用过程中出现问题时可以无缝对接设计和生产部门。

3.客户再懂行，毕竟是客户，有技术问题，第一时间有人管，有人教，有人跟进，满意度自然不是问题。

在我和业务人员的牵头下，工厂为22位技术大牛建了 50 多个客户群，利用时下流行的短视频和在线课堂，进行不间断的技术辅导和应用答疑。

在这期间，业务人员在技术大牛的引领下，结合着客户问题，也成了行家里手，能够独当一面。

第四个销售资源：行业沙龙。你可能会嘀咕："我就是个销售，弄这些华而不实的沙龙、论坛，有什么用呀？"你可别小看这个销售资源。

销售卖产品，就要了解客户，就要了解客户需求，这个销售过程控制起来，非常有难度。但是，利用沙龙、论坛就很容易了。比如我们设计和定义论坛的主题是"如何利用农机设备把握关键播种时机"，这时，农机经销商和农户们在开放的环境中，会很容易分享各自的心得，"吐槽"各自的遭遇，方便业务人员快速了解客户，掌握真实的客户信息和购买决策动因。

借助行业沙龙，业务人员可以发现新客户，深入观察客户关系。这时邀请的新客户会成为潜在客户。

销售的效果就是签单，经历过一系列的价格促销、标杆参观、培训辅导、行业沙龙的销售资源统筹使用后，县城的经销商终于在 2019 年 11 月答应与我们签约，购买 300 台插秧机，这对于公司和业务来说，是一份令人满意的大订单。

最后一个销售资源，也是最关键的销售资源：公司高层。

一说到公司高层，你可能不假思索地认为，"不就是请老板出马，促成订单"。可是，你是否思考过以下几个问题：

1. 如果请公司高层出面签单，是来撑场子，还是要他敲定价格？

2. 如果签单后，领导认为是他促成了这场交易，你该怎么办？

3. 有没有考虑过高层和客户彼此的沟通风格和习惯不同，万一出现"尬聊"影响未来的订单，怎么办？

这些都是我们需要思考和解决的问题。

让客户数量和订单

保持持续增长

⊙ 掌握 3 个心理暗示，有效增进你和客户的关联性

销售人员穷尽一切手段找客户，掏心掏肺地让客户多购买一些，然而，这个客户成交完一单后就流失了，又得辛苦去找新客户。该怎么办呢？

首先，我们不得不接受这样一个事实：每一个客户，都有生命周期。这个生命周期从发现、成交、"蜜月"到衰退，这四个阶段是客户关系的客观规律，任何力量都无法改变。就好像我们要经历幼儿、儿童、青少年、壮年、中老年一样。当你的产品力下降，客户有了新选

择，就会流失；当你的服务体验让客户觉得价值感不够，客户会离你而去。

那么，我们面对有限的客户生命周期能做什么呢？努力发现新客户吗？

最有效的手段是延长你与客户的"蜜月期"。我们先来明确下，客户的蜜月期这个关键的概念，是指你与客户交付产品、服务、解决方案后，客户满意时间的长短。

当客户产生购买行为后，是满意的。但是接下来，客户是否重复购买，是否帮助你进行推荐，是否愿意成为你的回头客，就看你能不能把与客户的蜜月期延长了。

延长与客户的蜜月期能帮你解决：

找客户难的问题。因为你和客户进入蜜月期，会吸引新客户。

四个客户蜜月期数据：

第一个数据：每个不满的客户会告诉至少 33 个其他

客户屏蔽、拉黑你。

第二个数据：每个蜜月期的客户会影响 25 个其他客户并促成订单。

第三个数据：开发一个新客户的成本是维护客户蜜月期的 5 倍。

第四个数据：促成一个新客户成交的工作量是维护客户蜜月期的 10 倍。

看过这组数据，你就不会坐等蜜月期从手边溜走了。

其实，做好接下来的 3 个心理暗示就足够了。它们分别是：稀缺暗示、哈洛暗示和刺激暗示。

稀缺暗示

在成交的过程中，要暗示客户，他买的这个产品和服务是很稀缺的。

他们会产生一种很神奇的心理，就是自己买到的房子、车子、手机等，是弥足珍贵的，胜过一切同类品。为什么呢？因为这些东西，在他买的时候，都被赋予了稀缺的暗示。

稀缺的暗示，在延长我们客户的蜜月期中被赋予了三个你想不到的心理作用。第一，因为稀缺，人一旦拥有，就会格外珍惜，并肯定你卖给他的产品、服务和解决方案是最好的；第二，因为稀缺，拥有者会自发地进行炫耀并介绍给其他人，根本不需要催促和激发；第三，只要你微小的鼓励和暗示，客户便觉得得到天大的便宜。

作为培训师，必须要有几张看得过去的形象照，我的同学建议我去一家专业的摄影工作室。走进摄影间，我就直截了当地问道："我是你们老板的朋友介绍来的，能优惠点吗？"

销售人员热情地告诉我："对不起，我们的形象照都是限额发售的，你说的那个形象照礼包早就卖完了。现在我们的形象照礼包的价格已经是 1199 元了，而且只剩 1 个名额。"

销售人员很耐心地说："我们每个主题的形象照，都是限量的，因为限量 20 个，所以在市场上您不会找到雷同的形象照，让您的形象既凸显个人风采，又能卓尔不群。"

果不其然，他们给我拍出的照片效果很好，居然不用 PS。这也让我有了炫耀的资本，以至于很多培训同行都向我打听，哪里能拍出比较专业的形象照，我自然而然地就推荐他们去我照过的那个工作室。

没过多久，我的一位私交很不错的讲师就给我打电话说："家驹，你给我推荐的形象照，真是太及时了，幸亏我去得早，还有优惠名额，否则价格就恢复到正常价 1599 元啦。"

　　我问他怎么比我的贵 400 元呢？他说："我的形象照礼包的主题是'职场精英'，就是比你拍的'职场人生'主题的形象照要贵，而且只限量 10 个名额，简直太值了。我已经和我爱人说好了，下个月结婚 10 周年，我们再去拍一套他们的'人生有约'主题的纪念照，这个工作坊的主题活动设计，太专业了，简直太值了。"

　　"简直太值了"这句话不断在我耳畔回响，我下意识地感觉到，好像还有什么不对劲的地方在影响着我的同行和我自己。这也就是我接下来要分享的第二个延长你和客户蜜月期的心理暗示。

哈洛暗示

　　在解释哈洛暗示前，我先说说我感到哪里不对劲。我拍的"职场人生"主题形象照，价格是 1199 元；我的同行拍的"职场精英"主题形象照，价格是 1599 元，职场精英就一定比职场人生贵 400 元吗？先不管限额多少，为什么能贵 400 元？我认真地回忆了一下发生的过程。原来，我和我的那位同行，不是被"稀缺暗示"一次性击倒，而是被摄影工作室用组合拳征服了。

　　这个摄影室高明之处就在于，他们不仅仅用限量"稀缺暗示"来延长蜜月期，他们更擅长通过"哈洛暗示"进行主题设计。什么是哈洛暗示呢？是指在客户关系管理中，销售人员通过赋予自己产品、服务、解决方案更丰富的内容和内涵，来吸引客户。说白了，就是会讲故事。

　　用好"哈洛暗示"，讲好故事，在我们延长客户蜜月期的过程中，可以帮助你：

　　1.让客户始终沉浸在故事的满足感中，客户稳定性强，不会轻易流失。

　　2.当客户满足感降低时，客户优先考虑复购，重新寻找满足感，你会省去开发新客户的成本。

在我反思和反省"稀缺和哈洛暗示"的时候，临近元旦，我接到了那个摄影工作室销售总监的电话。他说，感谢我成为他们的会员，临近元旦，他们打算免费给每个会员定制一个有专属签名的 11 英寸雕刻版照片，需要我把手写签名拍个照片发给他。我还挺谨慎，问他会有制作费吗？他很客气地说，这是对会员免费开放的。就这样，元旦前，我收到了他寄给我的照片，说心里话，质地、做工都是一流的。

我以为收到照片发个微信表示感谢，此事就结束了。谁承想，电话来了，还是那位销售总监，这次依旧很客气。他说，他们为了保证每个客户的权益被正当使用，希望我能和办公室里的同事拿着我的形象照，拍个合影发给他。

这时，我才恍然大悟，原来这是刺激暗示呀，也就是拉长你和客户蜜月期的第三个方法：刺激暗示。顾名思义，就是销售人员通过不间断地鼓励和诱导，来维持与客户的蜜月关系。

这家工作室可谓是一箭双雕呀，免费赠送我专属雕刻照片，既能让我对他们的产品和服务感到满意，又让我和同事们拍照，来宣传他们的产品和服务。

在刺激暗示的应用中，我也在思考其中的奥妙：

1. 刺激暗示，一定是有规律的，发生在你习惯购买或复购之前，给予你一定程度的刺激，让你欲罢不能，就好比在"双11"前，我们会收到大量的优惠券和折扣信息一样。

2. 刺激暗示，一定会用诱饵影响客户的决策和行为，比如我收到了免费的专属雕刻照片，那接下来的转介绍和推广就是水到渠成的事情了。

⊙ 玩转裂变招牌动作，引爆指数订单

在移动互联网高速发展的今天，信息的传播越来越迅速和多样。当你顶着烈日奔波在找客户的路上，别人可能坐在沙发上喝着咖啡，就实现了客户裂变。

可到底什么是客户裂变？裂变有什么想不到的作用？客户裂变是如何实现引爆订单指数增长的呢？

咱们先从了解和认识裂变开始。什么是裂变？它是核物理的名词，又称核分裂，是指由重的原子核分裂成两个或多个质量较小的原子的一种核物理反应的形式。那这和销售有什么关系呢？

举个例子：一棵树长 100 个果子，这 100 个果子落地生根可以长成 100 棵大树，100 棵树可以长 1 万个果子，然后再落地生根，就可以长成一片森林。在我们的销售实践中，客户的裂变就是当你获得一个客户的订单，应该迅速借助有效的客户管理手段，让客户帮助你，裂变出更多的客户，快速引爆订单。

美国著名销售大师乔·吉拉德认为：每一位客户身后大约有 250 人的关系网，这些人是他比较亲近的同事、邻居、亲戚或朋友。如果你赢得了一位客户的订单就意味着赢得了 250 个人的订单。

一位优秀的销售人员，他业绩的 70% 会来自老顾客的订单裂变。讲到这儿，你可能会怀疑，裂变真的有这么神奇吗？我们来看一组数据，对凯迪拉克汽车而言，每位客户的裂变价值是 34.2 万美元；对万宝路香烟来讲，每位烟民的裂变价值是 2.5 万美元；就连我们无处不见的可口可乐，每位客户的裂变价值也有 1.1 万美元。

有了客户裂变，新客户的开发会变得容易。试想下，如果客户帮你发现和寻找到精准客户，你就可以把精力聚焦于如何完善服务的流程和品质上了。

可是随之而来的问题就是，为什么客户裂变如此重要，我们却做不好呢?

首先，现在的销售企业在客户关系管理的投入上，是很舍得下功夫的。但是，很多销售却只看商机的推进。举个例子，老板们关心的是客户是在接触阶段还是谈判阶段，你什么时候能成单并且拿到回款，导致系统成了上下班打卡、写销售日报、检讨业绩的工具，你和客户所有的关注点都在如何交易上，根本谈不到裂变。

其次，绝大多数的销售认为客户成交，然后拿到回款，这个销售闭环就结束了，我们就没必要再花时间去服务他们了，就像熊瞎子掰棒子，成交一个客户就丢一个客户。

安徽合肥的一家连锁健身俱乐部有两家店面，过去一直都在使用打广告的方式获客，这样的方式成本高不说，而且效果也越来越不好。2018 年 1 月，我给他们设计了客户裂变方案，2 月就实现了创纪录的 800 万订单。接下来，我就告诉你，我是怎么来设计裂变方案的：

第一步：明确裂变主题

这次裂变的目的，主要是发现新客户，想先在前期靠裂变积累一些用户之后，再做成交。最后主题定位在"懒人减肥营"，切中了很多减肥人员的一个痛点。

第二步：锚定种子用户

我辅导他们借助客户系统中的数据在该健身会所现有的用户中进行筛选，主要消费金额、是否购买私教、近期到店率，最重要的是拉出了所有会员的体测报告数据，把那些偏胖的群体，选成了我们的种子用户，最后列出了200个最符合的客户。对于种子客户，我们赋予他两个福利：

1.活动期间，种子客户每天在群里可以派发2张价值100元的体验卡。

2.每一个裂变成功的客户，购买我们的训练营套餐，种子客户可以获得5元的消费抵用金额，可累加、不封顶、不可转送。

第三步：确定运营策略

我当时的想法是想通过200人裂变至2000人左右，然后推出我们的收费减肥训练营。为了保证群的质量，每个群保持在100人左右，共计建了20个群。同时，指派了20位专业的健身健康顾问，作为本次的专家坐镇，以及配了20位运营专员，1人管1个群，提升服务体验质量，同时制定了以下运营策略：

1. 每位会员，都可以收到若干国外专业明星的运动减肥高清视频。

2. 每天会在每个群里发布 3 篇专业的减肥文案。

3. 每天随机为群里的 3 位会员做 1 对 1 的减肥方案制定。

4. 每天提供一小时的专家解答时间，大家可以自由发问。

5. 种子用户，每天派发 2 张价值 100 元的体验卡。

第四步：设计拉动素材

包括一段宣传文字、一张海报及两个话术。一段宣传文字和一张海报，其使用场景就是在种子用户中传播以及后期在朋友圈传播。大致就是"会员内部福利，扫码进入免费获取国际专业减肥培训视频，享受专家 1 对 1 方案制定及专业解答"这个意思。

另外两个话术：用户进群之后，要求用户必须先把宣传文字和海报转发至朋友圈，才可正式入群并领取福利；另外一个是用户转发朋友圈后截图提交给工作人员，工作人员的一个确认话术。

第五步：扎实运营实施

由于种子用户都是忠实会员，加上前期的准备工作都做得不错，所以传播得非常快，一周不到的时间就到了预想的 2000 人。在运营了 3 个礼拜左右的时候，俱乐部推出了后面的收费减肥训练营，1999 元／人，成交了近 400 人，是一次十分成功的客户裂变活动。

客户裂变是最有效的发现新客户的方法，种子产生 B，然后 B 又可以转化成种子客户。让客户去裂变客户，客户是你最好的推销员，这就是指数订单的引爆动作。

⊙ 快速建立口碑的标准方法，让你永远不缺新客户

最近我参加了一个汽车车灯用品公司的头脑风暴会，主题是"新客户开发"。为什么是这样一个主题呢？因为公司去年2月推出了一款所谓革命性的高科技新品。半年过去了，产品除了上市期间的促销推广获得的客户资源和原有渠道的客户资源，几乎没有新客户。

在头脑风暴会上，对于新客户开发难的问题，产品部认为"产品无懈可击"；销售部抱怨"渠道已经累吐血"。面对"甩锅"的高呼大叫，我建议他们：与其期待完美

产品和完美渠道，不如踏踏实实地建立产品口碑。

在销售实践中，尤其是做 B2B 行业的，产品和渠道是绝对的风向标。销售人员会想当然地认为，只要有好产品和好渠道，就不愁卖不出去。这会导致：产品力虽然强，但是缺少口碑。就像章丘铁锅，如果没有借助《舌尖上的中国》这个节目的推广，很难在年轻人群中打开口碑。

产品同质化挑战巨大，传统渠道不能全维度助力传播的严酷现实下，所有销售人员都要开发第三脑。

先来解释下第三脑，它有别于传统的左脑产品、右脑渠道的销售思维，是指注重说服用户主动传播你产品的口碑营造。产品的口碑营造，说白了，就是让你的客户情不自禁、自然而然地说你的产品好，并进行主动分享和推荐。

产品口碑打造就像盖房子。首先，好产品是房子的基础。产品品质和技术要过硬，要能帮用户解决问题；其次，口碑就是房子的支柱。多媒体时代，销售人员一定要根据目标用户的媒体使用习惯，多搭支柱，用有限的资源扩大产品声量；有越多用户给你的产品好评，有越多超级用户主动帮你宣传推广，你的口碑效应就越大。

就如小米"口碑大厦"的建立，尽管小米的产品毛利率低，但是千万级粉丝的带动，依旧造就出了"小米帝国"。接下来，我们就从5个方面——认知渗透、专属互动、情景体验、内容环境、媒介催化为大家讲解快速建立口碑的标准动作。

首先，我们来看认知渗透：对于新品牌和新产品，想要快速建立口碑，销售人员要先想想，如何能让我们的品牌、产品被客户快速地认知。

以一汽车灯销售案例为例，我和销售团队设计了"点亮回家路"的口碑推广主题，在北上广深杭五个核心城市，选择房龄在 10 年以上的老社区，配合物业进行了小区内机动车道、步行道、路灯杆的自发光点亮工程，免费施工和安装。

试想下，夜晚漆黑的环境中，停车场和小区步道这种简单的场景设计让用户很容易按照设定好的"剧情"走下去，客户会快速将灯光、品牌和产品联系在一起。

在国庆节的长假，我们在京港澳高速沿线的 10 个大型休息区，展开了第二个动作：设计专属互动。

我们在下午 17 至 20 点太阳即将落山的时间段，邀请所有感兴趣的车主参加"温暖赶路人"的主题抽奖活动。获奖车主要拿着 logo 拍照、发朋友圈，才能得到奖品；而车龄在 3 年以上、20 年以下的车主，不需要抽奖就可以获赠 LED 自发电手电筒，条件也是拿着 logo 拍照发朋友圈。

抽奖的过程、赠品的摆拍也会在第二天出现在他们关注的公众号的推文上。我们通过专属互动：

　　1. 以情感作为纽带，用情感共鸣的方法，让产品快速拉近与新客户之间的距离，从而推动购买。

　　2. 用客户与产品的内心共鸣，促进口碑形成，自然就会形成客户的口碑效应。

　　说起口碑，本身也是消费者的我们有着各自的心得和体会。口碑从本质上讲是客户思维，就是让客户有体验。因为百闻不如一见，百见不如体验。接下来，让我告诉你建立口碑的第三个动作：打造情景体验。

　　经历了上面两次活动，我们吸引了将近 6 万名潜在新客户，4 万多目标新客户。接下来，我们的销售人员即刻组织了一个中条山夜路自驾体验的活动，邀请我们在服务区筛选的目标客户参与进来。

　　当我们的客户开着装有原厂卤素车灯的车驾驶在夜路上时，眼前视野是一片昏暗，而当大家驾驶装有我们新品 LED 车灯的车时，车前一片光明，这种强烈的反差，让我们客户和车主感受到了我们新品突出的照明效果。

这种良好的产品体验让他们印象深刻，并主动在朋友圈里疯传我们拍摄的对比照片和视频。在社交媒体时代，客户主动通过体验和参与，为我们公司的产品摇旗呐喊，助力我们打造口碑。短短 3 天，500 多公里的旅程，我们和客户在一起，真诚相处，帮他们解决问题，客户热心地分享和反馈他们的体验和建议。

每个人都将活动经历分享到了朋友圈和微信群，诉说和感慨这次不凡的体验。甚至活动还没结束，一些社交媒体的大咖和自媒体平台的网红就找到我们，要求参加类似的体验活动。

接下来，我们的销售团队，立刻沉入线下，搜集和整理近期购买转化的客户资料和用后感受，这就是我要说的第四个动作，搭建内容环境。

口碑的载体是内容，好的产品内容一定是既暖心又有温度，还有满满的干货内容。

在口碑传播时代，工业品或半工业品的产品内容多少会显得枯燥单调。如何既做到简单有趣，又做到有温度有热度，这对于销售人员是个很大的挑战。我们要做的，包括以下3类：

1. 文字类，客户使用心得的分享，大咖的技术建议，我们从应用角度让内容饱满起来。

2. 图像类，客户的安装和对比照片，真正做到有图有真相，让口碑内容对购买决策产生促动和影响。

3. 短视频类，客户和网红在不同的应用场景对产品的理解和感受，让内容具备流动传播的魔力。

这些有奖征文的内容，让你听着老套，但是，金杯银杯，不如客户的口碑。使用者的推荐可以让口碑裂变成为可能。要想让更大范围的客户接受并喜爱，就需要进行第五个标准动作：借助媒介催化。口碑的加速器是媒介，尤其是社交媒体和自媒体。

在产品口碑的打造上，我认为3分的投入给内容，7分的投入给传播。在夯实内容的基础上，销售人员要用有限的预算打造一个媒介矩阵。说白了，就是在免费的自媒体平台的搭建上多占坑位，除了微博、微信，资讯类的头条号、大鱼号和网易号之外，还可以借助视频类的网红、大咖制作、抖音来电。

⊙ 拿下订单：做好复盘，让爆单被快速复制

不久前，一位参加过我线下销售培训的推销员向我抱怨销售指标没完成，非常郁闷。我就本能地问他销售指标没有完成，知不知道问题出在哪里了呢？没想到他一通抱怨：市场大环境不好，运气欠佳，公司的支持和服务保障不给力，竞争对手暗箱操作优势明显等。

销售就是一个结果导向的工作，而那些丢单者，却都有着相似的理由，无外乎就是：市场太差、对手狡猾和公司支持不给力。

我们为自己开脱，是人性中的自利心理在影响和主导着我们。事情办成了，是我们能力出色；而事情搞砸了，

全是客观原因。我们总不能一直在为自己开脱的路上肆意狂奔，要真是那样，距离你渴望的爆单生涯会越来越远。

销售复盘是指从已经完成的客户关系管理和销售拜访动作中总结经验，提升能力，改善销售行为学习方法。

销售复盘的执行者，是销售人员，销售复盘针对的两个关键方向是客户方向和销售动作方向。复盘能带来成交、带来新客户吗？我先来告诉你它的作用：

1. 销售复盘能避免重复犯错。它关注的是销售实践过程中发生了什么，为什么发生，绝不是你曾经遭遇的业绩检讨会。比如一位销售小白，每次拜访总是激情澎湃地进去，灰头土脸地出来。我在协同辅导中发现，他在拜访中根本不会通过观察、倾听、提问发现销售机会，只是在滔滔不绝地讲产品优势，客户当然很烦。

2. 销售复盘的作用是通过学习，强化优势，补足劣势，提升销售能力。依据行业特点，我给他设计了观察清单和提问清单，在协同拜访中提醒他去倾听客户的反馈。

几次辅导下来，他找到了自己的拜访节奏，客户也开始逐渐接受他，一来二去，订单也有了起色。

3.销售复盘的目的是通过问题的改善和优势的彰显，固化你的强项，让爆单自然而然地发生，而且能不断复制。

接下来是 3 个复盘方法，可以让爆单快速复制，它们分别是：目标复盘、客户复盘和行动复盘。

目标复盘

销售目标都是公司定的，没完成就是没完成，公司又不可能降低目标，这有什么可复盘的呢？

首先，复盘可以找出没完成的原因。目标没完成，无外乎两种情况，不是支撑目标的客户基数不够，就是你在客户目标配置的过程中，头重脚轻。比如，客户潜力明明只有 20 万元，你却希望客户能够完成 30 万元的订单。

其次，是基于客户基数和配置的诱因探寻。假设是客户基数不够，那就应该去思考你开发和管理客户的时间和注意力是不是不足。

最后，就是要边界清晰。如果你在开发客户的时间分配上有问题，那就需要集中精力去开发对实现目标有价值的客户，而决不能去抱怨公司目标高。

客户复盘

1.客户有潜力，你的建议和压力不够，客户潜力没爆发出来。比如客户明明可以这月成单20万元，你却只给了10万元的压力和建议。

2.客户没潜力，你却玩命地建议，那就等于浪费时间和精力。

面对众多的未成交客户，是压力，也是机会。有的销售人员告诉我，"80%的工作精力放在了关键的20%的客户身上，因为这些客户能够成单"。

二八法则的销售管理，我表示赞同。如果80%的精力放在重点客户身上，那20%的精力能不能去发展和深耕一些有潜力快速成单的客户？

第一步，筛选20个高潜力客户，以每月10个客户作为目标，持续进行两个月的客户拜访，只有更高效的拜访，成单的目标才能实现。

第二步，实现客户的角色、动机需求的确认，产品和解决方案的提交，价格和交付方式的磋商这3个关键指标，成单的效果才能实现。

行动复盘

人际沟通和商机管理是行动复盘的两个关键内容。

人际沟通复盘，就是在客户拜访过程中，你的观察力、倾听力、提问力、说服力、谈判力、资源统筹使用力的综合使用，这6个方面哪里出了问题，哪里就需要进行及时复盘。就比如说，是没有通过倾听，发现客户的痛点，导致拜访过程只剩嘘寒问暖，停留在礼尚往来；还是客户有需求。

商机管理复盘

商机管理复盘，是你在客户的角色、动机需求的确认，产品和解决方案的提交，价格和交付方式的磋商这3个关键环节中，哪个环节没有推动下去，导致销售过程受阻。

既然前面我们已经知道，我们未成交客户的拜访和促单成功是实现销售目标的解决方案，你有把握实现每月10个客户成单的目标吗？以下就是一位销售人员的复盘：

1. 我的客情关系都很好，和客户都聊得很开心，倾听和提问能力还算是比较出色。

2.有了好的客情关系，我的商机推进在客户那里都比较顺利，资源也能用在关键的地方，让客户觉得物有所值。

3.我会尽快梳理已经成交客户的周边伙伴客户，请已成交客户进行转介绍，让我的成单速度更快一点。

4.我主要是忽略了客户拜访的计划性，过分关注成单、销售目标，有点顾此失彼了。

只要他按照我们复盘中的计划，去凸显和放大自己的优势，快速地补足自己在客户管理上的短板，爆单指日可待。

销售是一门科学，我们必须遵循规律，找寻正确的工作方法。比如，通过复盘，让我们在已经过去的行动中学习。复盘不是检讨谁做得怎么样，而是让我们的不成功变得有价值，让我们的成功变得有意义。

高效处理客户关系，
让口碑持续爆棚

⊙ 客户为什么会投诉？

也许你也经历过：产品稍有瑕疵，客户就对你暴跳如雷；服务稍慢一步客户就大喊"叫你们经理过来"；解决方案的匹配稍微有点问题，就上纲上线地说你"客户意识差"，甚至微笑、眼神儿，客户都能找出你一万个不是。是客户越来越难搞定，越来越挑剔？还是我们自身产品、服务和解决方案出了问题？

其实都不是。要解答你的疑问，我们先要从一个很关键的客户管理——客户满意——概念说起。客户满意，是指客户对所接受的产品或服务过程进行评估，以判断是否能达到他们所期望的程度。

简单说，就是客户的心里有个天平，一面放着他付出的金钱，另一面放着你给的产品、服务和解决方案。当天平朝金钱的一方倾斜，他就会觉得付出太多，回报太少，说白了，就是客户觉得这钱他花得不值。说到这儿，你可能心里就有小算盘了："不爽就不爽呗，反正客户也买了，形成了销售事实，我的销售目标能完成不就得了。"如果你真的这么想，就会很危险了。因为：

客户不能少，在客户为王的时代，哪个企业能拥有更多的客户，就能生存下来。

自媒体和移动互联网高度发达的今天，客户的一个"不值"就会让你被无数的"吃瓜群众"围观，瞬间发酵。

接下来我就从付出回报心理和期望心理，帮你读懂客户投诉的真实诱因。

我们先来看付出回报心理。顾名思义，它是指我们人类在进行社会交换活动中，认为自己的付出成本和得到的资源应该是对等的，这是人类的认知共识。

你理解客户投诉时的不理智，可是客户带着郁闷、纠结、不爽的心情根本不理解你，为什么呢？答案很简单，因为你是卖方。

第二个客户投诉的真实内心——期望心理。期望心理是说，客户根据过去的经验判断自己达到交易目标或满足需要的可能性是大还是小。

聪明的销售人员会在销售过程中，进行有效的客户期望管理，适当降低客户的期望水平，提升自己产品、服务和解决方案的交付质量。这样客户就会感受到超值的惊喜，同时会更加珍惜这份超值的期望体验，一旦这个体验出现问题，客户自己也会觉得情有可原。

客户的投诉，显性因素是觉得付出回报不对等，隐性因素是觉得期望没有被满足。显性也好，隐性也罢，读懂客户内心，才是解决之道。

⊙ 客户投诉了，该如何解决？

大部分客户来投诉，其实都是抱着解决问题的心态的，但是因为客户不满意的程度不同，所表现出来的情绪也不同。甚至有的性格偏激的人，容易激动失控，处理不好，就容易引发冲突，甚至是对抗。

在某快消品公司工作的时候，我就碰到这样一个客诉案例。一位老奶奶给孙女买了几包方便面，中午煮给孩子吃，孩子吃过后上吐下泻，尽管没有任何证据证明，孩子生病与吃泡面有关系，老奶奶依旧凭直觉找到超市，大哭大闹。超市没办法，找到当时负责客户投诉的我。

在超市老板的帮助下,老奶奶从地上起来,坐到了椅子上,可依旧不依不饶。我们建议她带着孩子去医院检查出报告,不去;去卫生检疫部门做检测,也不去,哭哭啼啼,让人无从下手。后来还是超市老板帮我走出了老太太投诉的泥潭。

面对客户的投诉,我既要照顾他们的情绪,让他们有所宣泄,又要适可而止,不能让投诉发酵成为事实。教你3个心法,帮助你解决五花八门的投诉给你带来的烦恼。

这3个心法,分别是:关怀心情,关心处境和关注问题。

先来看关怀心情。

说到心情,来投诉的,没一个是心情好的,拍桌子,砸东西都不稀奇。当客户产生期望差,情绪不佳就在所难免,这时,你需要先处理客户的心情,再去摆平客户的事情。

首先，就是要有同理心。在处理客户投诉时，客户都有情绪，摆事实讲道理是没用的，对方根本听不进去。这时，你的角色置换，就起到决定性的作用。我说的角色置换，不是知人所感，这只是同理心的初级阶段，同理心的高级阶段是感人所感。简单点说，当你自己遇到这样的窘境，是不是也会火冒三丈地去理论一番呢？如果你能想通，这个同理心的角色置换就成功了。

其次，放低重心，坐下谈。心理学研究表明，人的情绪高低与身体重心高度成正比，身体重心越高，越容易情绪高涨。因此站着沟通往往比坐着沟通更容易产生冲突。

第二个，关心处境。

你可能会问，怎么关心呢？其实就是反馈式倾听，即在倾听对方的倾诉时要主动给予客户反馈。客户带着一肚子的怨气，他们首先需要的是个好听众，然后才是好办法。

从沟通心理学规律上来说，让自己的表情、语言、动作与对方说话内容保持高度一致。即带有反馈式的倾听，会让客户产生被重视的感觉，从而大大缓和紧张气氛，情绪自然容易稳定。

你要这样做：

1. 倾听中要在表情与语言上不断反馈，总的原则是：眼睛保持关注，有回复和响应，身体要适当前倾表示服务意愿。

2. 认真地把客户讲述的内容记录下来，让对方感觉到自己的话被重视。当然这些行为仅仅表示"我在认真听"，而并不表示同意对方的观点。

面对客户投诉，很多人都会面无表情地聆听，这是最忌讳的倾听动作。这样会让对方觉得一肚子委屈得不到重视，情绪也容易越说越高涨。而反馈式的倾听，则可以让客户觉得受到了理解和重视，从而有效地缓解情绪。所以，关心客户的处境要远远比处理的结果更重要。

最后，我们来看，关注问题。

怎么做是关注问题呢？重复对方的话有效吗？当然了，因为客户在投诉中情绪激动，难免条理性和逻辑性变差。所以在沟通中，可以将客户的谈话内容及思想加以综合整理后，再用自己的语言反馈给对方。

在反馈的过程中，可以适时地用自己的语言再把对方的话重述一次。例如："为了使我理解准确，我和您再确认一下。您刚才的问题有以下三点，第一点是……第二点是……第三点……您认为我理解的对吗？还有什么，您接着说。"

　　接待客户投诉时，重复对方的谈话，可以让其感到自己的问题备受重视。而且对方也一定会反过来专心听你重复的话，看有无错误或遗漏，这样也会转移其注意力，使他的火气下降，缓和情绪。重复对方的话的频率与客户情绪高低成正比，对方情绪越高，就应经常地重述，从而努力让对方平静，再进行进一步的沟通。

　　就像我遇到的那个投诉，超市老板先是各种角度地赞美老人爱子心切和对孩子健康负责任的心情，又是和老人拉关系，诉说自己的成长过程中长辈们也有类似经历，而且自己也是奶奶带大的，同时还关切孩子现在身体怎么样了。当得知孩子下午已经去上学了，超市老板还表示，孩子安全才是头等大事。在大家苦口婆心的劝说下，老人止住哭泣，转入到问题的处理上来。

　　任何人遇到付出回报不对等，遇到期望值不匹配，遇到不被尊重，不论是谁，情绪都不会好到哪去。所以，想摆脱投诉泥潭，关注心情比处理事情更重要，关心比结果更重要，关注问题比方法更重要。

在客户投诉中，无外乎情绪宣泄和事情解决这两种表现形式。那接下来，我们就基于这两种表现形式，将4类客户的典型客诉特征加以分析，这4类客户分别是：支配型客户、情感型客户、逻辑型客户和友善型客户。

第一类客户：支配型客户

顾名思义，这类客户在投诉中，即表现出夸张、外露的情绪，同时也关注事情和问题的解决。支配型投诉客户的主要群体是企业家、管理者等社会中上层人士。

面对支配型客户，给你3个见招拆招的实操建议：

1. 这类客户习惯了成功和权威，如果你完全接受并真诚面对这类客户的投诉，就可以让客户的情绪得到释放，避免关系走向恶化。

2.你认真地倾听，并记录在案，会让这类客户觉得自己被格外重视，接下来的事就好办了。

3.快速反应不拖延，支配型客户都是高效者，你快速地响应和反应，他会觉得处理这件事你在努力，这时，你的处理态度就比你给他的处理结果更重要。

第二类客户：情感型客户

这类客户情绪比较丰富，肢体动作幅度大，他们首先需要的是情绪的宣泄，其次才是事情的解决。他们投诉中的招牌动作就是表情丰富夸张地说："你们怎么能这样对待消费者？"

情感型投诉客户的主要群体是年轻客户和女性客户，在处理情感型客户的投诉中，你要做好这几点：

1.关注心情，多抚慰。他们希望品质与付出成正比，就好像我遇到的那个老太太，一旦期望与现实落差大，失望、愤怒、悲伤就涌上心头，一发不可收拾，所以，安慰他们，关心他们的坏情绪，会让他们觉得，你是自己人。

2. 角色置换，多体谅。遇到麻烦，谁的心情都不好，这时，你如果能迅速找到和情感型客户的共同点，置换下角色，情况就好多了。

3. 问清现状，多重复。客户带着情绪来，思路一般都不清晰。在整理问题和汇总要求时，把记录下来的内容，重复给客户，帮助他理清思路，帮助他筛选诉求。这时，你会发现，客户情绪不佳时提出的条件和要求，在其心情平复后，他自己都会觉得有些过分夸张了。

第三类客户：逻辑型客户

这类客户在投诉中，既不会爆发情绪，也没有夸张的表情或者动作。他们虽然语速平缓，却会态度坚定地跟你摆事实讲道理。他们的主要群体是白领、机关干部、中层管理者。

处理逻辑型客户的投诉，你要做的就是：

1.表示服务意愿。逻辑型客户喜欢讲道理，你积极地表示认可投诉现状并获得谅解至关重要。

2.积极建议处理方案。逻辑型客户不会制造麻烦，他们也没时间和经验去解决麻烦，你提供善意的建议和合理的处理方案，会推动他们快速解决投诉。

第四类客户：友善型客户

这类客户在投诉中，既没有愤懑的情绪，夸张的动作，甚至语气也很平缓。他们的招牌动作就是不急不慢地跟你说："这事怎么也得给我个说法。"在处理友善类客户投诉时，你需要：

1.总结归纳诉求。友善型客户表达不是强项，逻辑也不缜密。你要很好地处理他的诉求，他会非常感激你的帮助。

2. 果断给予处理方案。我这里说的是给予，而不是建议。友善型客户，他们不喜欢对抗，也不善于做决定，你果断一些就是对客户最好的帮助。

⊙ 解决客户投诉的 5 个方法，重塑客户满意度和信任

很多的销售伙伴都有一个共识，就是客户投诉不是什么好事。可是销售人员自身也好，企业也罢，总是无法避免要遇到一些顾客抱怨和投诉的事件。即使是最优秀的企业也不可能保证永远不发生失误或不引起顾客投诉。

很多销售人员对客户投诉有一种天生的恐惧感，觉得投诉就是麻烦，耗时、耗力不说，还担心客户投诉会为公司和自己带来一些负面的影响。

全球著名的解决方案供应商——IBM 公司，40% 的

技术发明与创造，都是来自客户的意见和建议。换个角度，客户是你产品或服务最直接的使用者和体验者，所以他们是最权威的评判者，最具发言权。

企业要与客户建立长期的相互信任的伙伴关系，就要妥善处理客户的抱怨或投诉，把处理投诉看作一个弥补产品或者服务欠佳造成的损失以及挽回不满意客户的机会。美国运通公司的老板雷斯浮森提出一个这样的等式：更好的投诉处理＝更高的客户满意度＝更高的品牌忠诚度＝更好的企业业绩。

其实，只需要5个标准的动作，就可以很好地解决投诉问题，分别是：认同、倾听、平息、处理和回访。

第一个标准动作：认同。

客户投诉时，最希望自己得到尊重、理解和同情，因此这时候你要积极地回应客户所说的话。如果你没有反应，客户就会觉得自己不被关注。随时可用的标准话术：

第一句"您的心情我可以理解";

第二句"您说的话有道理";

第三句"是的，我也这么认为，碰到这种状况我也会像您那样"。

即便因为政策或其他方面的原因，投诉问题最终无法解决，但只要你在与客户沟通的过程中始终抱着积极、诚恳的态度，也会降低客户的不满情绪，这将有利于你接下来的动作。

第二个标准动作：倾听。

做一个好的倾听者非常重要。

第一，你要认真聆听，不无礼、不轻易打断客户说话，不伤害客户的自尊心和价值观。

第二，倾听时要注意用眼神关注客户，使他感觉到自己和自己的意见被重视。

第三，可以在客户讲述的过程中不时点头，不时用"是的""我明白""我理解"表示对投诉问题的理解，让客户知道你明白他的想法。

第四，还可以复述客户说过的话，理清一些复杂的细节，更准确地理解客户所说的话。当客户在长篇大论时，复述还能紧抓客户的重点诉求。

第三个标准动作，也是处理投诉过程中承上启下的一环：平息。

有位心理专家曾经说过："人在愤怒时，最需要的是情绪的宣泄，只要将心中怨气宣泄出来，情绪便会平静下来。所以，唤醒自己的共情心理，深入客户内心，体会他的情感，积极地感受客户的焦虑、不满和愤怒。"

第四个标准动作：处理。

为客户处理问题，速度是关键。

1.要快速反应。反应快表示在严肃、认真地处理这件事，拖延战术只会使客户感到自己没有受到足够的重视，会使客户的投诉意愿变得越来越强烈。

2.根据实际情况，参照客户的处理要求，提出解决投诉的具体方案，比如退货、换货、维修、赔偿等。

3.提出解决方案时，要用建议的口吻，然后向客户说明它的好处。

如果客户觉得处理方案不是最好的解决办法时，一定要向客户讨教如何解决。

4.再次说明一下，抓紧实施客户认可的解决方案，不要拖延。

最后一个标准动作：回访。

通过跟踪服务，对投诉者进行回访，对有关工作进行整改，以避免类似的投诉再次发生。这样不仅有助于提升企业形象，而且可以把客户与企业的发展密切联系在一起，重塑客户满意度。